ちくま新書

廃仏毀釈

——寺院・仏像破壊の真実

畑中章宏
Hatanaka Akihiro

1581

廃仏毀釈——寺院・仏像破壊の真実【目次】

第一章　毀釈の典型——日吉・薩摩・隠岐ほか　055

はじめに――何を「判然」とさせたかったのか？

†「廃仏毀釈」のイメージ

「廃仏毀釈《はいぶつきしやく》」とは、明治新政府の神道国教化政策に依拠しておこなわれた仏教排斥運動であり、神仏分離令の布告・通達にともない、仏堂・仏像・仏具・経巻《きょうかん》などにたいして各地で起こった破壊行為である。その契機となった神仏分離令とは、慶応四年三月一三日（一八六八年四月五日）から明治元年一〇月一八日（一八六八年一二月一日）までのあいだに相次いで出された太政官《だじょうかん》布告、神祇官《じんぎかん》事務局達など一連の布告・通達の総称で、これらにもとづき、それまで「神仏習合」の状態にあった神社仏閣において仏教色の排除と破壊がおこなわれたのだった。

廃仏毀釈はこれまで、神職や民衆の手で寺院の堂塔《どうとう》に火が放たれ、仏像・仏具が打ち壊されるといった情景でイメージされてきた。こうしたイメージのもとになる史料や伝聞が少なからずあることから、暴動と破壊をともなう騒乱だったかのようにみられてきたのである。なお「廃仏毀釈」の「廃仏」は文字どおり仏教・仏法を廃すること、「毀釈」の「毀」は壊す、あるいは悪口を意味し、「釈」は釈迦《しやか》のこと、釈迦の教えのことで、「仏を廃《はい》して釈を毀《そし》る」と訓読する。

専門書はともかく、一般書やテレビ番組などによって、「全国で仏像・仏具が破壊された」、「仏教が抹殺された」といった言説が広まり、石仏の首がはねられ、仏像が火にくべられたり、野ざらしにされたりという映像が、その証拠として流布してきている。廃仏毀釈は仏教の側からみたとき、筆舌に尽くしがたい蛮行に違いなかったが、それまで信仰してきた仏像を破壊することに人々にためらいはなかったのか。また、伝聞などにもとづいて誇張された「廃仏伝承」というべきものが、事実であるかのように流通してしまっているという事態もある。

†「習合」という言葉

廃仏毀釈に至るまで、神仏分離以前の時代の神と仏の関係は、一般的に「神仏習合」という言葉で表される。神仏習合とは、日本列島固有の神（「神道」という名で宗教化される以前の「カミ」と呼ぶべき観念も含めた）にたいする信仰と、六世紀に大陸から伝来した仏教とが密接に結びつくことで成立していった状態・現象を指す。たとえば神社の本殿に仏像を祀《まつ》る、仏教寺院の境内に神殿を構えるといった状況である。こうした近代以前の神仏関係を、かつては「神仏混淆《しんぶつこんこう》」という言葉で説明することも少なくなかったが、近年では日本列島以外の地域における土着信仰と世界宗教のあいだで起こった「混淆」、「シンクレティズム」と区別するため、「習合」を用いることが多い。しかし、「習合」という言葉も曖昧であり、この現象のなかにも振り幅がある。また、神の側からは仏と距離を取ろうとしていたという、「神仏隔離」説を唱える研究者もいる。

民俗学者の高取正男は『神道の成立』（一九七九年）で、伊勢における神宮寺（神社に附属して建てられた仏教寺院）廃絶の事例などから「神仏隔離」という概念を提示した。神の祭祀者は仏教の影響を排除する意思を持ち、仏と一定の距離を取ろうとして、そのことが宗教としての「神道」の自覚を促したというのである。このように、神と仏の関係は一筋縄ではいかず、多様な関係のありかたが神仏分離の際の混乱にも影響したのではないかと考えられる。そのため、近代以前までの神仏関係については、「習合」ではなく「共存」

とするぐらいのほうがふさわしいとも思えるが、本書でも一般的に浸透している「神仏習合」の語を用いてその実態をみていくことにしたい。

†「判然令」の意味

幕末維新に相次いで出された、神仏関係を整理するための布告・布達を総称する「神仏分離令」についても、「神仏判然令」という呼びかたがある。神と仏は、「分離」することを要請されたというより、神と仏を「判然」とすることを強制されたという見方である。つまり布告を出した側でも、それまでの神仏関係は単純に「分離」することはできないものだと考えており、神仏の境界上の、曖昧な存在を明確にするようにと命じたと考えられるのだ。

神仏分離に伴い廃仏毀釈と呼ばれる破壊行為があったことは、この数年のあいだで広く知られるようになってきた。その要因のひとつは、明治維新一五〇年を契機に廃仏毀釈を取り上げた書籍が何冊も刊行され、テレビなどでもこの過渡期を題材にした番組が放送されたからである。しかし、そうしたものでは廃仏毀釈について、仏像・仏具をむやみに破壊したというイメージを植え付け、伝承の域を出ないような記録も批判的に取り上げることなく、神道国教化を目的とした乱暴狼藉だったという一面的な捉えかたをしたものが目立つのが実情である。

歴史学者の安丸良夫が昭和五四年（一九七九）に『神々の明治維新——神仏分離と廃仏毀釈』を発表した際にも、廃仏毀釈にたいして一方的な批判は差し控えられていた。変革の主体となるべき民衆が、ある場面では反動的・暴力的な行為をするのはなぜなのか。安丸の廃仏毀釈にたいする関心と問題意識は、こういった視点に根差していたはずである。しかし近年出版された関連書をみると、仏教抹殺の暴挙だったというセンセーショナルな打ち出しが目につき、その原因や問題点の追究は軽んじられているように見える。

そもそも神仏分離の前提となった神仏習合とはどのような現象だったのか、廃仏毀釈は列島のどこでも起こった一般的な出来事だったのか、仏教の側に原因はなかったのかといった疑問が、それらの著作では深く問い直されていないのである。

†本書の構成

こうした疑問などにも言及しながら、本書では以下のような構成で「神仏習合」から神仏の「分離」、「判然」を跡づけ、廃仏毀釈に至った支配層と民衆の意識と、その結果もたらされたことの内実を明らかにしていくつもりである。

序章では、一般的に「神仏習合」と呼ばれる神仏の共存状態が、いつ頃から始まり、どのような変化をしながらその状態を維持し、幕末維新に至ったかを素描する。

第一章から第五章では、神仏判然令の発令によって日本各地で起こった「廃仏毀釈」のさまざまな様相をみていく。日吉社・薩摩藩・隠岐《おき》などにおける極端な廃仏行為、奈良・京都・鎌倉など古都で起こった廃仏の実態、伊勢・諏訪・住吉など神の聖地の変貌、山岳信仰の霊場における「権現《ごんげん》」号の廃止とそれにともなう変革、神と仏のいずれにも分類しえない日本固有の「牛頭天王《ごずてんのう》」を待ち受けていた事態などである。ここでも従来の見方にとらわれず、伝承と事実を選り分けるとともに、伝承が生まれた理由を探っていきたい。

最後に終章では、神仏分離、廃仏毀釈のその後についてみていく。分離は完全に果たされたのか、神社にあった仏像・仏具は徹底的に破却されたのか。そして、廃仏毀釈の波を乗り越えてきた仏像や堂塔を紹介しながら、急速な近代化のなかで生起した民衆の意識の変化について考えていきたいと思う。

序章

神仏が共存していた時代

1 「神仏習合」の成立

†神と仏が出会う

私たちは、「神道」の神社と「仏教」の寺院が異なる宗教に属し、その信仰のありかたも異質なものだと考えがちである。しかし、八世紀から一九世紀の半ばすぎまで、一〇〇〇年以上ものあいだ、日本列島では神社と寺院はともにあった。仏教の僧侶が神に奉仕し、神前で読経がおこなわれ、神社の神殿には仏像・仏具が置かれてきたのである。こうした状況が「神仏習合」や「神仏混淆（交）」と呼ばれてきたのである。

日本列島には仏教伝来以前から、「カミ」が存在し、「カミ」を祭祀する信仰があった。この時代の「カミ」とは、土着的で、体系化の意識をもたない宗教以前の信仰観念をさすものである。こうしたカミ観念は、常設の社殿をもつ現在のような「神社」が成立したとみられる七世紀以降も民間には残存していく（民俗学で民間信仰として扱う領域の一部はこうしたカミ観念を継承するものである）。

原始的なカミ信仰は大きく分けて三つの信仰から成り立っていたと推測される。

第一は山や海や巨木や奇岩など特定の自然物をカミの依《よ》り代《しろ》（神霊が寄りつく、あるいは宿るとされる媒体）とする信仰（自然神信仰）であり、第二は一族の祖先の御霊をカミとする信仰（祖先神信仰）であり、第三は土地のカミや農耕のカミなど水田稲作を起源とする信仰である。これらの信仰をもとにして成立し、外来宗教の影響を受ける以前に存在していたとされる信仰のありようを「神《じん》祇《ぎ》信仰」と呼び、古代から中世のあいだに宗教としての「神道」が成立していったと考えられている。カミ信仰の三類型のうち、自然神信仰は狩猟や漁猟を生業としていた人々の信仰（縄文人の信仰）、祖先神信仰は朝鮮半島から渡来した人々の信仰（弥生人の信仰）、土地のカミや農耕のカミなどに対する信仰は水田稲作が発祥した中国の揚子《ようす》江《こう》流域から、台湾・沖縄本島を経由して伝えられた信仰を起源とするという見方もある。

図１　カミの依り代のひとつである「磐座」（奈良県桜井市の山ノ神遺跡）

カミ信仰においては、礼拝の対象としての偶像をもたず、自然物や器物を崇拝したと想像される。カミは、山中や海の彼方に住む目には見えない存在で、定期的に人里を訪れる。そのときにカミは、樹木や岩などの自然物や、鏡・刀剣などの器物を依り代にし、一時的に宿るものだと信じられてきたようだ。

こうした信仰を持つところに、六世紀の半ばに朝鮮半島を経由して、北インド出身の釈迦（ガウタマ・シッダールタ）が創始し、偶像を拝する仏教が伝来してきたのだった。仏教が伝来したばかりのころ、仏は「蕃神《ばんしん》（外来の神）」ととらえられ、「国神（在来の神）」と対比された。また「他国神」や「客神」などとも記されたように、外来の仏は土着の神と同位の神とみられた。

仏教の伝来当初、神道とのあいだに対立・緊張関係があり、仏教を取り入れようとする「崇仏」派と、排除しようとする「排仏」派の争いがあったとされてきた。しかし、この説については、それほど明確に立場が分かれていなかったのではないかと現在では疑問視されている。いずれにしても、奈良時代に入り、仏教にたいする信仰が篤い聖武《しょうむ》天皇が、各国に国分寺・国分尼寺を設け、総国分寺たる東大寺に巨大な盧舎那仏《るしゃなぶつ》（奈良の大仏）を造立し、これを納める金堂（大仏殿）を造営するなど、仏教を国家の統治に利用していった。その過程で、九州宇佐《うさ》地方（現在の大分県の北部）にあった八幡神が大仏造立に寄与するなどを経て、日本の神が仏に従うこと、日本の神は仏教を信仰するものだという考えかたが生まれるに至ったのである。

†神が仏に従う「三つの考えかた」

神が仏に従うにあたっては、次のような三つの考えかたにもとづいたと考えられる。

①神は迷える存在であり、仏の救済を必要としている。
②神は仏法を守護する存在である。
③神は仏が衆生《しゅじょう》救済（人間を含めた生きとし生けるものを迷いから救い悟りに導く）のため姿を変えて現れたものである。

三つの考えかたのうち、①と②は奈良時代に生まれ、③はやや遅れて平安時代に入ってから生まれたとされる。この三つによって成立した現象が、いわゆる「神仏習合」である。
①の考えかたにもとづく現象の典型的な例は、神社に隣り合わせて「神宮寺」が建立《こんりゅう》さ

れたことである（次項で詳しく説明する）。

神宮寺の文献上の初見は、『藤氏家伝《とうしかでん》』（七六〇年成立）に、藤原不比等《ふひと》の長男で有力な官僚だった藤原武智麻呂《むちまろ》が霊亀元年（七一五）に越前の気比《けひ》神の託宣を受け「気比神宮寺」を建てたとされることである。また『続日本紀《しょくにほんぎ》』の天平神護二年（七六六）七月の記事に、朝廷が使を遣わし、伊勢大神宮寺のために丈六《じょうろく》（一丈六尺。約四・八五メートルで坐像の場合は八尺）仏像を造立せしめたとあり、『日本後紀』天長六年（八二九）三月一六日条では、養老年中（七一七〜七二四）に「若狭比古《わかさひこ》神宮寺」が建てられたとされる（なお『続日本紀』には、文武二年（六九八）一二月に「多気《たき》大神宮寺を度会《わたらい》郡に遷《うつ》す」という記事があるが、古写本に「寺」の字がないものがあるため、神宮寺の実在を示す根拠としては不確かとされる）。

気比神宮寺について『藤氏家伝』によると、気比の神が武智麻呂の夢に現れ、「吾が為に寺を造り、吾が願を助け給え。吾れ宿業《しゆくごう》に因《よ》りて神たること固《もと》より久し。今仏道に帰依《きえ》し、福業《ふくごう》を修行せんと欲するも、因縁《いんねん》を得ず（私のために寺を造立し、私の願いを助けてください。私は悪いおこないによって神となってから長い時間を経ました。しかしいま、仏道に帰依して、善いことをおこなうように修行したいと望むのですが、ゆかりがないのです）」と告げたことから、武智麻呂は神宮寺を建立したという。また『日本後紀』では、若狭《わかさ》の神が仏法への帰依を望んだが果たされなかったことから祟りをなし、そこで神宮寺を建てたのだとされる。いずれの記事でも神は迷い、仏によって救われるべき存在とされているのだ。宗教史のうえで「神身離脱《しんしんりだつ》」と呼ばれるこうした説にもとづくことで神仏の習合が進み、カミは「神」となって「神道成立」の起因となり、これ以降の宗教的様態を形づくっていくことになるのである。

†神宮寺の隆盛

日本列島の八世紀には、気比や若狭と同様の事態が各地で発生する。『多度神宮寺伽藍縁起幷資財帳《たどじんぐうじがらんえんぎならびにしざいちょう》』（延暦二〇年〔八〇一〕一一月書写）によると、天平宝字七年（七六三）、満願《まんがん》という僧侶が、伊勢国の多度《たど》神（現在の多度大社・三重県桑名市）のために丈六の阿弥陀如来像を造立した。多度神からはこれにたいし、「吾れ久劫《きゅうごう》を経て、重き罪業を作《な》し、神道の報いを受く。今冀《ねが》はくは永く神身を離れんが為に、三宝《さんぼう》に帰依せんと欲す（私は大変長いあいだ、重い罪を作ってきたため、神として存在するという報いを受けています。そこでいまこそ、神としての身を離れるために仏道に帰依することを願います）と神託した。こうした多度神の願いによって建立された多度神宮寺は、国分寺に準ずる扱いを受けるようになり、寺院七〇房、僧侶三〇〇余輩を数える大寺院となっていった。

多度の地で神仏の出会いに貢献した満願は、『方広経《ほうこうきょう》』一万巻を読んだことから万巻《まんがん》上人とも呼ばれる。満願・万巻は、多度のほかにも、常陸国の鹿島神宮寺や箱根三所権現を創建するなど、各地で神仏媒介の事績や伝説を残した神仏習合の立役者ともいえる伝説的僧侶である。

このようにして各地に建立された神宮寺は、神宮院、神願寺、神護寺、神供寺、あるいは宮寺とも呼ばれ、社僧（宮僧、供僧、神僧とも）が住み、神にたいして仏教的宗儀が捧げられた。伊勢神宮には大神宮寺、宇佐の神宮（八幡宮）には弥勒寺《みろくじ》が建立されるなど、時代が下るとともに神宮寺は広まっていき、諸国の神社に設けられていったのだった。

こうした神仏の共存状態が、一〇〇〇年近くにわたって続いていくことになるのだが、神社に隣接し、あるいは神域に設けられた神宮寺が、神仏分離の際、矢面に立つことになったのである。

†東大寺大仏と八幡神

神が仏に従うにあたって、②「神は仏法を守護する」ことを示した最も古い記録は、『続日本紀』天平勝宝元年（七四九）の記事である。九州の宇佐から託宣があり、東大寺の大仏建立を援《たす》けるため、つまり仏法を守護するために、宇佐の地方神である「八幡神」が上京したという出来事である。

東大寺の大仏（盧舎那仏《るしゃなぶつ》）は聖武天皇の発願により天平一七年（七四五）に造立が始まり、天平勝宝四年（七五二）に開眼供養会がおこなわれた。この大仏鋳造の際、宇佐の八幡神から次のような託宣が出された。「われ天神地祇《てんじんちぎ》を率い、必ず成し奉る。銅の湯を水となし、わが身を草木に交えて障《さわ》ることなくなさん」。これは、「天の神、地の神を率いて、東大寺の建立を必ず成功させる。銅の湯を水とし、私のからだを工事の草木や土に交じえて障害をなくそう」という意味で、地方神である八幡神が国家の中枢に位置づけられる寺院に、資金や資材の面で協力を申し出たのだとみることができる。八幡神はまた、大仏に塗る金《きん》が不足したときには、国内から金が出るという託宣を下し、陸奥国から金が献上されるということもあった。

大仏鋳造直後の天平勝宝元年（七四九）一二月、大仏を拝するため宇佐宮の女禰宜《めねぎ》（神に祈請《きしょう》する巫女）・大神杜女《おおがのもりめ》が、紫の輿《こし》に乗って東大寺の西の入口にあたる転害門《てがいもん》をくぐった。転害門では多数の僧侶、官人らが出迎え、東大寺では聖武太上天皇、考謙天皇、光明皇太后が出まして、僧侶五〇〇〇人の読経、呉楽、五節舞などの法要が営まれた。

それから三年後、天平勝宝四年（七五二）におこなわれた大仏開眼法要について、『東大寺縁起』には次のように記されている。聖武太上天皇・孝謙天皇が大仏殿に入御し、続いて八幡神も入御した。このとき、神霊の力により、内裏《だいり》（天皇の居所）に「天下太平」の文字が出現した。そこから年号を「天平勝宝」から「天平宝字」に改元した。宇佐の八幡神には大仏建立に協力した褒賞として、朝廷から封戸《ふこ》八〇〇戸・位田六〇町がおくられ、東大寺が完成すると、東大寺を護る神として八幡神の神霊が分祀された。これが現在の手《た》向山《むけやま》八幡宮である。

八幡神は平安時代になると「八幡大菩薩」という仏教の菩薩号を得る。つまり仏道に入ったと認められたことになる。また僧形の八幡神像が造られるなど、仏教との関係はさらに緊密になっていった。平安京の官寺である教王護国寺（東寺・京都市南区）には、延暦一五年（七九六）の草創のさい、王城鎮護のために八幡神が勧請《かんじょう》（分霊を迎えること）される。空海は八幡神を祀ったこの鎮守八幡宮に、弘仁年中（八一〇〜八二四）に神像を造立して安置したとされる。現在、東寺に伝わる八幡三神像は、この伝承を裏づけるに近い神像彫刻の古例で、空海はまた八幡大菩薩の御影《みえい》（姿・肖像）を写し、平安京の北西にある高雄の神護寺《じんごじ》に安置したともいわれている。八幡大菩薩はその後、武運長久の神としての性格を付与され、各地に八幡宮が建立されていくが、そのほとんどが単なる「神社」ではなく、「宮寺」という習合形態を取ることになる。

図2　手向山八幡宮（奈良県奈良市）

空海は真言密教の創始者としてのイメージが強いが、八幡信仰を取り入れたほかに、道場を求めるにあたって、地域の神を祀ってもいる。密教道場の適地を探していた空海が大和国宇智郡に入ったとき、猟師の姿に扮した地主神・狩場《かりば》明神（高野御子大神《たかのみこのおおかみ》）に紀伊国にあり丹生都比売大神《にうつひめのおおかみ》の神領だった高野山《こうやさん》を教えられた。狩場明神は使いである白・黒二匹の犬に空海を高野山まで導かせた。弘仁七年（八一六）、空海は嵯峨《さが》天皇から公式に高野山の地を賜った際、高野山の地主神である狩場明神と丹生都比売大神を祀った。現在でも高野山真言宗の総本山、金剛峯寺《こんごうぶじ》の中核にあたる壇上伽《だんじょうが》藍《らん》の西端にある「御社《みやしろ》」には高野明神（狩場明神）と丹生明神が祀られている。真言密教を体系化した空海はこのように、神仏習合の積極的な推進者でもあったのである。

†神像彫刻の発生

ほんらいは形のなかった神（カミ）に姿を与え、依り代として、また偶像崇拝の対象としてつくりだされた神像彫刻は、神と仏の出会いが生み出した象徴的なもののひとつである。

神像が文献上に現れる古い例としては、天平宝字七年（七六三）頃、満願が多度神宮寺に多度大菩薩の神像をつくったというもの、延暦二三年（八〇四）頃に月読宮《つきよみのみや》の神体として、騎馬で紫の衣を着、黄金づくりの帯に太刀を腰に付けた男神像がつくられたという記録がみられる。しかし神像彫刻の実例で現存するものは、平安時代以後に制作されたとみられるものからである。

神像彫刻の古例として、御調《みつき》八幡宮（広島県三原市）の僧形八幡神と女神の二神像、先述した東寺の八幡三神像、薬師寺・休ヶ岡《やすみがおか》八幡宮（奈良県奈良市）の八幡三神像、松尾《まつのお》大社（京都市西京区）の三神像、熊野《くまの》速玉《はやたま》大社（和歌山県新宮市）の神像群（速玉大神、夫須美《ふすみ》

図3　男女神像（鎌倉時代）。公家貴族の正装姿をした神像の例　出典：ColBase（https://colbase.nich.go.jp/）

大神、家津御子《けつみこ》大神、国常立命《くにとこたちのみこと》）などがある。

神像は通例、公家貴族の男女の正装姿で表わされ、男神像は冠を頂き、大袖の袍《ほう》（束帯の上着）をつけ、笏《しゃく》（束帯着用の際に持つ細長い板）をとり、女神像は、唐風または和風の装束をまとった官女のような姿をしたものが多い。神像がこのように写実的傾向をとるのは、仏像を源流としながら、本地仏《ほんじぶつ》（神の本来の姿とされる仏菩薩）との関係で仏像とは姿を異にした表現をする必要があったためだと考えられる。

　また神仏習合の状況と信仰のありようから、仏像彫刻とも神像彫刻とも言い切れない像もある。なぜなら信仰の対象であるその彫刻が、「何」の像であるかが明示されない場合があるからだ。

仏教が広まったはずの大和国にも、アニミスティックな霊山崇拝と仏教の偶像崇拝が結びついた、独自の僧形像が何体も残されている。融念寺《ゆうねんじ》（奈良県生駒郡斑鳩町）の地蔵菩薩立像、橘寺（同高市郡明日香村）の伝・日羅《にちら》立像、當麻寺《たいまでら》（同葛城市）の妙幢《みょうどう》菩薩立像、弘仁寺（同奈良市）の明星《みょうじょう》菩薩立像などは、いずれも平安時代初期に遡る彫像だが、通常の地蔵菩薩と似つつも、面相や頭頂部の形が明らかに異なり、山の神霊が降臨した姿ではないかという説がある（岡直己『神像彫刻の研究』）。

十一面観音や薬師如来の姿を取りつつも、神社の神として信仰されることもあり、次節で述べる「権現」信仰においては、神と仏の境界上にあるような彫刻もつくられ、祀られたのだ。福井県越前町・八坂神社の「十一面女神坐像」（平安〜鎌倉時代）は、天冠台と十一面の化仏《けぶつ》（菩薩像などの頭上に置かれる小型の仏像）をいただき、髪を肩に垂れ、袖の中で拱手《きょうしゅ》（儀礼的な手の組みかた）し、十一面観音を本地仏とする白山神《はくさん》（白山妙理《みょうり》権現）の姿だと考えられている。

このように日本の神像彫刻は、神道信仰だけを背景にした自立的なものではなく、仏教の偶像崇拝を意識した習合の所産とみるべきであり、神仏習合という「現象」を視覚化したものだということもできるだろう。

2　習合が進んだ中世

†「習合」の論理

古代に始まった神仏習合は神が仏に従うというありかたを取ったが、整合的に進んでいったわけではない。古代末期から中世へと時代が進むにつれ、神道のほうでも理論化や体系化が進み、習合を根拠づけるための模索がなされた。習合の深化と展開はどのような経緯をたどったのか。

日本列島では、仏教が伝来してからも、それ以外の神を拝む習俗がすたれることはなかったが、仏教はやがて修行と布教の拠点として施設・建物を必要とするようになる。しかし、日本列島は平地が少なく、山地が多いことから、宗教施設の建立にふさわしい土地はすでに、カミ信仰に由来する境域によって占められていた。「神が仏に従う」という表白が各地でおこなわれるようになったことには、カミの境域に寺院を建立する必要があったという理由も考えられる。つまり、神宮寺建立をめぐる神の表白は、仏教の側からなされたものであり、仏教側が神宮寺が盛大であればあるほど神が慶ぶという論理を編み出すことによって、神仏習合の形をつくり出していったと考えられるのだ。

そもそも神社に隣接して神宮寺を建立することにはどのような利点があったのだろう。仏教の側からすると、寺院を営むのにふさわしい場所を確保し、また神社の氏子を仏教の信者にすることができた。また為政者の側からすると、神社を仏教にもとづく国家体制のなかに統合することで、律令国家体制をより強固なものにすることができた。民衆にとっては、集落や氏族の中心であった神社に、神の願いによって仏像が祀られることは、崇神と敬仏が同時に果たされることとなった。いっぽう神社にとっての利点は、明らかではないものの、大寺院の庇護を受けることで、荘園経営を円滑に進められるといったような経済的な要因があったのではないかと想像される。

†本地垂迹と権現

神が仏に従うさいの三つめの論理は、「神は仏が衆生救済のため姿を変えて現れたもの」であり、神と仏は一体だととらえるものである。

延暦年間（七八二〜八〇六）以降、神々にたいして仏道に入ったことを表す菩薩号をつけるようになり、平安時代の中期には「権現」「垂迹《すいじゃく》」などの語が現れ、「本地垂迹」的な発想が明確になっていった。「権現」は、「かりそめ（＝権）」の「現われ」としての神と、その本体である仏の習合をいい、またその施設を指す。本地垂迹とは、本来のありかた（本地）をしている仏が、仮の姿をとって応現（垂迹）したのが神だという考えかたである。

東大寺大仏造立にあたり、聖武天皇は橘諸兄《たちばなのもろえ》や行基《ぎょうき》を伊勢神宮に遣わし、その成就を祈らせ、神宮の祭神天照大神と盧舎那仏（大日如来）は同体であるとの夢告を受けたといわれる。朝廷はこれにもとづき「神仏同体」の思想を打ち出したが、当時はこの思潮が広まることはなかった。しかし、平安時代の半ば過ぎから、神と仏の垂迹関係が確定していく。特定の神には決まった本来の姿である仏（「本地仏」）があるとする本地垂迹説は、日本における神仏関係の基底をなすものとして、文化全般に影響を与えていったのである。

承平七年（九三七）、筑前国の筥崎《はこざき》八幡宮（福岡市東区）に法華経を納める多宝塔を建てるさい、大宰府から出された文書に、八幡神を「権現」と呼んだ一節がある。また寛弘元年（一〇〇四）に大江匡衡《おおえのまさひら》が、尾張の熱田神宮に捧げた願文には、熱田権現の「垂迹」という言葉が用いられている。藤原道長も同じ頃、吉野の金峯山に奉納した経筒《きょうづつ》に「蔵王権現」という銘をつけた。

このようにして数多くの「権現」が生まれ、その本地の明確化を求めるようになっていった。たとえば八幡権現の「本覚（本地）」が阿弥陀仏《あみだぶつ》とされ、熊野権現は弥陀・観音の垂迹とされた。こうした動きに呼応して、天台、真言両宗では教義的な裏づけがおこなわれ、天台には「山王一実神道《さんのういちじつしんとう》」が、真言には「両部習合神道《りょうぶ》」が生まれた。

†山岳信仰と修験道

権現信仰は、仏教が土着化する際に根拠地として求められた「山岳」において隆盛し、展開していった。既成の仏教が勢力を伸ばしていくいっぽうで、大寺院に属さない「聖《ひじり》」と呼ばれる在野の修行者たちが山に入り、古来のカミと仏教を結びつけることで民間に浸透していったのである。

日本列島には古来、集落の近くにそびえる山嶺《さんれい》を生命の源と敬い、死者の魂の棲《す》み処《か》として崇める信仰があった。この山岳信仰が、外来の密教、道教、シャーマニズムなどの影響を受けることにより、山に籠もり厳しい修行をおこなうことにより悟りを得ることを目的とする「修験道《しゅげんどう》」の基礎が築かれていった。

修験道の源流は山岳で修行し、呪術宗教的な活動をおこなった在俗の宗教者に求めることができる。修験道の開祖とされる役行者《えんのぎょうじゃ》（役小角《えんのおづぬ》）も、こうした宗教者のひとりだったと考えられる。平安時代中期から後期にかけて、大和国中部の吉野から南に聳《そび》える大峯《おおみね》を経て、紀州の熊野に至る山々が彼らの修行の場として確立し、また皇室や貴族の崇拝を受けるようになっていく。大峯の修験道はやがて、聖護院《しょうごいん》（京都市左京区）を本山とする天台系の本山派と、醍醐寺《だいごじ》（同伏見区）を本山とする真言系の当山派に分かれる。鎌倉時代末期には、各地の山々に修験の道場が設けられ、岩木山、出羽三山、日光二荒山《にっこうふたらさん》、筑波山、秩父三峯山《ちちぶみつみねさん》、富士山、御嶽山《おんたけさん》、立山《たてやま》、石動山《いするぎやま》、白山《はくさん》、石鎚山《いしづちさん》、英彦山《ひこさん》などにも独立の信仰集団が形成されていった。

修験道の本尊は、役小角が吉野の金峯山で感得したという蔵王《ざおう》権現（金剛蔵王権現、金剛蔵王菩薩）である。蔵王権現

図4　「役行者画像」（室町時代）　出典：ColBase（https://colbase.nich.go.jp/）

図5　「蔵王権現立像」（平安時代）　出典：ColBase（https://colbase.nich.go.jp/）

はインドにも中国にもない修験道独自の尊格で、多くの場合、顔が一つ、目が三つ、腕が二本（一面三目二臂）で、髪を逆立て激しい怒りの表情（逆髪忿怒相）を示し、右手を高くあげて三鈷杵《さんこしょ》（杵《きね》の形をした密教法具で、両端が三つに分かれているもの）を持ち、左手は剣印（密教における手指で示す印《しるし》の一つで、第二指と第三指を伸ばし刀剣を表す）にして腰に置き、左足は大地を踏み、右足は虚空に蹴上げるという像容である。

先述したように、藤原道長が寛弘四年（一〇〇七）に金峯山経塚に埋めた経筒の銘文に記したのが尊名記載の古例で、その姿は修験道の隆盛にともない、銅像や鏡像・懸仏《かけぼとけ》（本地仏を表すもののうち、鏡像は鏡面に仏像などを線刻したもの、懸仏は金属円板に立体的な像をあしらったものをいう）などの形式で数多く作られていった。東京・総持寺《そうじじ》（西新井大師・足立区）の長保三年（一〇〇一）銘の鋳銅刻画の鏡像、鳥取・三佛寺《さんぶつじ》（東伯郡三朝町）の六体の木像、奈良・金峯山経塚出土の金銅像数十体などが彫刻の古例として知られている。

†神仏が習合した山々

中世以来、列島の各地に現れた修験の霊山の歴史をたどりながら、山岳霊場における神仏習合の様相をみていくことにしよう。

月山《がっさん》、羽黒山《はぐろさん》、湯殿山《ゆどのさん》からなる出羽国（現在の山形県と秋田県）南西部の出羽三山は、近世まで「羽黒三所権現」と称し、東北地方を代表する修験道の聖地であり霊場として信仰を集めてきた。

三山のうち羽黒山は「羽黒大権現」と呼ばれ、現在の「三神合祭殿《さんしんごうさいでん》」は三山の中心をなす本殿（本社、本堂、大堂ともいう）だった。合祭殿前の鏡池から多くの銅鏡が出土していること、『延喜式』神名帳所載の式内社のひとつであることなどから、平安時代にはすでに多くの信仰を集めていたとみられる。羽黒権現は神道においては伊氏波神《いではのかみ》（出羽国の国魂とされる神）とされ、本地仏は正観世音菩薩、一山《いちざん》（ひとつの同じ境内にある本寺・末寺などすべてを含めた寺院の総称。全山。また、そこにいるすべての僧）を寂光寺《じゃっこうじ》と称する輪王寺末寺の天台宗寺院だった。寂光寺を中心とする羽黒修験の勢力は熊野三山や吉野金峯山

（大峯）をしのぐほどで、三山講の組織化により、参詣者のない国は飛驒《ひだ》一国のみとまでいわれた。

滋賀県大津市の「日吉大社《ひよし》」は、数千社におよぶ日吉神社・日枝神社・山王神社の総本社で、権現号としては「山王権現《さんのう》」を名のり、「日吉山王社《ひえ》」などとも呼ばれた。この「山王」というのは、中国天台宗が天台山の土着の山神に贈った称号で、中国における神仏習合を示す言葉である。東西二つの宮からなり、東本宮が神体山（牛尾山《うしのおやま》。八王子山、波母山《はもやま》ともいう）の磐座《いわくら》を祀る原始的祭祀に始まるのにたいし、西本宮は天台宗の護法神として、神仏の習合を深めながら発展していった。

山王権現、日吉山王社の「山王」号の起源は、延暦七年（七八八）に最澄が比叡山上に延暦寺を建立し、比叡山の地主神である大山咋神《おおやまくい》・大物主神《おおものぬし》を祀って、「山王」号を贈ったことによるといわれる。比叡山でも山岳信仰と神道と天台宗が融合し、鎌倉時代になると「山王権現は釈迦の垂迹である」という山王神道の教学が形成されていった。

元亀二年（一五七一）、織田信長の比叡山の焼打ちでは兵火を受け、中世以前の建造物はすべて焼失したが、山王信仰に篤かった豊臣秀吉と徳川家康が復興に尽力した。このように武家からの信仰を集め山王権現は、全国に点在する天台系寺院の境内鎮守としても祀られるとともに、地方の神領に鎮守神として勧請されていった。東京永田町の日枝神社、岐阜県安八《あんぱち》郡神戸《ごうど》町の日吉神社、長崎市の山王神社など、現在でも四〇〇〇近い日吉山王系の神々が全国に祀られている。

†八幡信仰——石清水と鎌倉

神仏が習合するなかで、神に仏教の菩薩号が与えられるようになったが、その代表的なものが八幡神に与えられた「八幡大菩薩」である。

京都の石清水《いわしみず》八幡宮は八幡大菩薩を奉じ、「石清水八幡宮護国寺」として神仏習合の宮寺として信仰された。貞観元年(八五九)、大安寺《だいあんじ》の僧である行教《ぎょうきょう》は宇佐神宮で「われ都近き男山の峯に移座して国家を鎮護せん」という神託を受け、翌貞観二年、清和天皇が男山に社殿を造営した。八幡宮が創建されると、もともとこの地にあり薬師如来を本尊としていた石清水寺は神宮寺となり、名称をその後、護国寺と改めたといわれる。

八幡宮護国寺は都の鬼門(南西)を守護する王城鎮護の神として崇敬され、天皇・上皇・法皇がたびたび行幸啓し、伊勢神宮に次いで奉幣《ほうべい》(天皇の命により供物を奉ること)される「二所宗廟」の地位を得た。また清和源氏の諸氏族からも氏神として崇敬された石清水の分霊は、各地の八幡宮に勧請されていく。江戸時代までは「男山四十八坊」と呼ばれるほど多くの坊舎が男山の山内、山麓に軒を連ねたという。

源頼朝が鎌倉に創建した鶴岡八幡宮も、石清水から神霊を勧請したものである。この八幡宮も、近世まで「鶴岡八幡宮寺」と呼ばれる神仏習合の宮寺で、仁王門の額には「鶴岡山」、楼門の額には「八幡宮寺」と記されていた。

楼門に続く回廊の東にあった「座不冷壇所《ざさまさずのだんしょ》」は「御正体《みしょうたい》」と呼ばれ、「鏡に弥陀の像を打付《うちつけ》たる物を厨子《ずし》に入《いれ》、鎖《じょう》をおろし」、厨子にはほかに十一面観音立像と金銅の薬師坐像を安置していた。また運慶作の愛染明王を本尊とする愛染堂があり、護摩堂の五大尊も運慶が造ったものだとされる。若宮の前には五智如来を安置する塔、塔の東には鐘楼、ほかに六角堂や輪蔵があった。下宮の東に、薬師と十二神将の木像を納める薬師堂があり、史料によってはこの薬師堂のことを「神宮寺」と呼んでいる。鶴岡八幡宮寺は鎌倉幕府の滅亡後も栄え、江戸幕末でも二〇を超える塔頭が軒を連ね、顕著に習合した姿で維新を迎えた。

†古社における神仏習合

修験の霊場、山王信仰の本社、八幡信仰の宮寺などのほかにも、各地の有力な神社が神仏の習合によって歴史を刻んできた。

大和国の「春日《かすが》明神」(現在の春日大社。奈良市)は藤原氏の氏神で、氏寺である興福寺と密接な関係を持ちながら栄えてきた。弘仁四年(八一三)、藤原冬嗣《ふゆつぐ》(藤原内麻呂の子)が興福寺南円堂を建立した際、本尊の不《ふ》空羂索《くうけんさく》観音を春日明神(武甕槌命《たけみかづち》)の本地仏とした。また一一世紀末からたびたびおこった興福寺衆徒らによる強訴《ごうそ》では、春日明神の神霊を移した榊《さかき》の神木を奉じて朝廷に訴える「神木動座《しんぼくどうざ》」がおこなわれた。また明神の本地として「春日赤童子《あかどうじ》」にたいする信仰が生まれ、民間にも広まった。

春日明神には興福寺以外にも神宮寺があり、東西に並んだ二基の塔があった。しかし、平重衡《しげひら》(平清盛の五男)による南都《なんと》焼討《やきうち》(治承四年・一一八一年)により両塔とも焼失、その後再建されたが、応永一八年(一四一一)の落雷で再び焼失し、その後は再建されることはなかった。東西両塔はともに興福寺五重塔とほぼ同じ規模だったと推測され、両塔の南正面には複廊、中央には楼門を設け、東・西・北の三方には築地《ついじ》塀《べい》を巡らしていたことが「春日宮曼荼羅」などに描かれている。二つの五重塔が立っていた中世の姿を思い浮かべると、現在の春日大社のイメージが大きく変わってくるのではないだろうか。

平安京が開かれた山城国でも、多くの神社で神仏が習合していた。現在の愛宕《あたご》神社（京都市右京区）、北野天満宮（同上京区）、八坂神社（同東山区）は天台宗比叡山、伏見稲荷大社（京都市伏見区）は真言宗東寺《とうじ》の影響化にあり、いずれの神社も仏教色が極めて濃かった。

菅原道真の神霊である「天満大自在天神《てんまんだいじざいてんじん》」を祀る北野天満宮の創建は、宮中や平安京で落雷などの災害が相次いだことを、大宰府で没した道真の祟りだとする御霊《ごりよう》信仰に由来する。天暦元年（九四七）六月九日、北野の地にあった「朝日寺（東向観音寺《ひがしむきかんのんじ》）」の最鎮《さいちん》（最珍）らが、朝廷の命により道真を祀る社殿を造営し、朝日寺を神宮寺とした。天満大自在天神の本地仏は十一面観音とされ、本社北面に納められた仏舎利《ぶつしやり》（御襟懸舎利）も信仰を集めた。近世まで、観音堂、毘沙門堂、輪蔵、弁天堂、法華三昧堂《ほっけざんまいどう》、鐘楼、多宝塔など、仏教関係の建物が北野天満宮の敷地には建ち並んでいた。

このように現在、多くの参拝者を迎え入れている神社でも、神と仏が共存していたのである。

†牛頭天王と祇園社

神道と仏教のいずれに属するともいえない日本特有の尊格に牛頭天王《ごずてんのう》がある。牛頭天王は古代神話のスサノヲノミコト、仏教の薬師如来と習合しながら、山城、播磨《はりま》、尾張《おわり》の拠点から、全国に信仰圏を拡げていった。なかでも最もよく知られているのは、京都の八坂神社から広まっていった祇園《ぎおん》信仰である。

『備後国風土記』逸文（他の書物などに引用され断片的に伝えられている文）に疫隅国社《えのくまのくにつやしろ》（広島県福山市の素盞嗚《すさのお》神社とされる）の縁起として、武塔神《むとうのかみ》という神が一宿一飯の恩に報いるため、蘇民将来《そみんしょうらい》という男に除難の法を教えたという逸話がある。

図6　牛頭天王と素盞嗚尊が習合した「祇園大明神」（『仏像図彙』より）

「北海にいた武塔神が南海の神の女に求婚するため旅に出、一夜の宿を請うたところ、富裕な弟の巨旦《こたん》将来は断ったが、貧しい兄の蘇民将来は歓待した。それから年月を経て、武塔神は巨旦の一族を滅ぼし、蘇民にたいしては「我は速須佐雄《はやすさのお》の神なり、後の世に疫気《えきき》（疫病）があれば、『汝、蘇民将来の子孫』といい、茅《ち》の輪《わ》を腰に着けた人は免れん」と、茅の輪の法を教えた」。この蘇民将来説話が後世になって、武塔神の子を牛頭天王とし、武塔神あるいは牛頭天王を日本神話の速須佐雄神（素盞嗚尊）に習合させて、疫病をまぬかれる神（疫神）としての祇園天神、祇園大明神などと呼ばれる尊格をつくりだしたのである。

八坂神社は神仏分離のさい、山城国愛宕郡八坂郷にあったことから名づけられた新しい社名で、それまでは延暦寺の末寺・末社で「観慶寺感神院《かんぎょうじかんじんいん》」あるいは「祇園感神院」と呼ばれる宮寺だった。観慶寺は興福寺の僧円如《えんにょ》が貞観年中（八五九〜八七七）に建立したといわれ、牛頭天王を主神として祀る神殿・祇園天神堂と、牛頭天王の本地仏である薬師如来を主尊として安置する仏堂が併存していた。

京都の祇園社とは別に、播磨国の「広峯社《ひろみね》」（現在の広峯神社。兵庫県姫路市）も牛頭天王を祀り、祇園信仰の本山を名乗ってきた。牛頭天王は最初、播磨国明石浦に垂迹し、そこから広峯に移った。さらに京都瓜生山《うりゅうやま》の北白川東光寺を経て、貞観一一年（八六九）に祇園感神院に分祠されたという一説がある。貞応二年（一二二三）の文書にも「祇園本社播磨国広峯社」と記載されている。

尾張国の「津島天王社」（現在の津島神社。愛知県津島市）もまた、牛頭天王を祀る有力な宮寺だった。承安五年（一一七五）の「大般若経」（七寺蔵）に、「伊勢内外（中略）多度、津嶋、南宮」とあり、この頃には式内大社である伊勢国多度、美濃国南宮と同格の扱いを受けていたとみられる。応永一〇年（一四〇三）の梵鐘《ぼんしょう》（釣鐘）にも「津島牛頭天王」と記し、以降は「津島牛頭天王社」や「津島天王社」と呼ばれた。

疫神を退散させ、疫病を防ぐことを祈願する牛頭天王にたいする信仰は、京都の祇園社、播磨の広峯社、尾張の津島天王社から日本の各地に広がった。「八坂」と名がつく神社、「祇園」や「天王」という地名の多さが、その隆盛を物語る。しかし、第五章で詳しく述べるように、日本の神でも仏教の仏でもない境界的な性格が、神仏分離の際、その矢面に立たされることになってしまうのである。

3　各地の神宮寺

†諏訪の神宮寺

八世紀の半ば以降、神仏習合の推進力となった神宮寺は、その後、列島の各地に広がり、地域の信仰世界を形成していった。神仏分離を経た現在の目からは神社の存在しか見ることができないところでも、神宮寺とともにあった時代の姿を探ることは、廃仏毀釈の実態を検討する手掛かりになる。そこで著名な神社における神宮寺の様相をみていくことにしたい。

神仏の出会いの最初期の現象として神社に設けられた神宮寺は、現在では「大社」と呼ばれる各地の有力神社のほとんどに建立された。信州の諏訪、大和の三輪、摂津《せっつ》の住吉などは、〝神の聖地〟というイメージが濃いところだが、中世・近世においては仏教色が濃厚だった。

諏訪大社は上社《かみしゃ》（長野県茅野市）と下社《しもしゃ》（同諏訪市）からなり、「諏訪大明神」として建《たけ》御名方《みなかた》命を祀るいっぽう、神宮寺が大きな勢力を誇ってきた。延宝七年（一六七九）の書き上げによると、上社と下社に七つの寺院があった。

諏訪大明神の本地仏は、上社は普賢《ふげん》菩薩、下社の秋宮は千手観音、春宮は薬師如来とされる。上社の普賢菩薩は伝教大師最澄の作で、文殊菩薩とともに安置されていたといい、正応五年（一二九二）記の普賢堂棟札《むなふだ》（建物の由緒等を記した札）の写しが現存している。普賢堂の北には鐘楼、西には知久敦信《ちくあつのぶ》が建立した五重塔があった。下社秋宮の海岸山神宮寺（海岸孤絶山法性院神宮寺）には本地仏の千手観音を祀る千手堂（本地堂）のほかに、仁王門、三重塔、弥勒堂、弁財天、貴船社などの堂塔があった。

諏訪明神は国譲り神話では「科野国《しなののくに》の州羽海《すはのうみ》（信濃国の諏訪湖）」に封じこめられたタケミナカタを奉じ、大和とも出雲とも異なる独自の宗教的歴史を歩んだが、中世・近世においては諏訪もまた仏寺によって支えられていたのである。

†三輪と住吉

大和国の三輪山《みわやま》を神体山とする「三輪明神」、現在の大神《おおみわ》神社は、『延喜式』では名神大社、また大和国一宮として信仰されてきた。

三輪明神の神宮寺としては、「大神寺《おおみわでら》」が奈良時代に成立していたことが古文書に記される。大神寺は弘安八年（一二八五）に真言律宗の再興に努めた叡尊《えいそん》によって大規模な改修がなされ、寺名も「大御輪寺《だいごりんじ》」に改められた。中世には、真言密教の中心仏である大日如来が、三輪山の大物主神や伊勢の天照大神と同体だという説が唱えられた。こうした独自の神仏習合の解釈（三輪流神道）は大御輪寺と、やはり三輪明神の神宮寺である平等寺で発展、継承されていった。大御輪寺には十一面観音が若宮（大直禰子命《おおたたねこ》）の神像とともにに祀られていた。この十一面観音こそが、現在、奈良県桜井市にある真言宗室生寺派の寺院、聖林寺に安置されている国宝の十一面観音立像（奈良時代）にほかならない。また現在、法隆寺（奈良県生駒郡斑鳩町）の大宝蔵院に収蔵されている国宝の地蔵菩薩立像も、この十一面観音とともに大御輪寺に安置されていたことがわかっている。

大阪市住吉区に鎮座し、大阪の人々から信仰を集めている住吉大社にもかつては神宮寺があり、東西二塔をはじめ大規模な堂塔を構えていた。住吉神宮寺は天平宝字二年（七五八）の創建で「新羅寺」と号し、孝謙天皇が天平宝字二年（七五八）に創建したともいう。三韓（古代朝鮮半島南部の諸国）伝来とされる本尊は、石櫃《いしびつ》に入れ内殿の土中に納めた秘仏で、蓋を開けたことがなかったと伝わる。新羅寺は荘厳浄土寺《しょうごんじょうどじ》、津守寺《つもりでら》とともに「住吉三大寺」と呼ばれた。

『住吉名勝図絵』、『摂津名所図会』などによると、新羅寺は天台宗に属し、本尊薬師如来を祀る本堂を中心に、法華三昧堂《ほっけざんまいどう》、常行三昧堂、大日堂、経堂、五大力宝蔵、東西の二層塔、求聞持堂《ぐもんじどう》、食堂《じきどう》、東西の僧坊などがある巨刹だった。江戸時代の境内図をみると、現在の第一宮と摂社大海《だいかい》神社のあいだに新羅寺の境内が描かれている。承応・宝永・延享・寛政・文化・天保などにも修理の手が入ったが、元和造営時の姿が維持されたまま明治維新に至ったようである。神宮寺の諸堂宇には数多くの仏像が安置されていたようで、現在では想像できないが、住吉社と住吉神宮寺は神仏が居並ぶ典型的な習合空間だったのだ。

†宮中・御所

ここまで仏と神との習合、神社と神宮寺の関係をみてきたが、皇室においても古代から、神仏習合的な宗教観念を保持してきたという実態がある。天皇は宮中において神道祭祀を斎行するだけではなく、仏教行事も執行してきたのだ。空海の進言によって建てられた平安京の大内裏《だいだいり》にある真言院では、毎年一月八日から七日間、天皇の安寧や国家安穏を祈る密教法会《ほうえ》「後七日御修法《ごしちにちのみしゅほう》」をおこなっていた。また上皇が出家して法皇となったように、僧職は皇族や貴族たちの隠居後の仕事ともなった。

宮中には「御黒戸《おくろど》」という仏間があり、仏像を安置し、歴代天皇や皇后の位牌が祀られていた。御黒戸は、御所清涼殿の北側にあり、細長い部屋の戸が薪の煤《すす》で黒くなっていたことからこのように呼ばれたという。

歴代天皇の位牌や念持仏・仏具などが安置され、霊元天皇の延宝四年（一六七六）に再建されたときの本尊は地蔵菩薩だった。このほかに釈迦如来、不動明王、准胝観音などを祀っていたようである。天皇の念持仏は崩御後も安置され、明治初年には六四体に達した。通常は女官によって管理され、御黒戸の内側で天皇が経典を読んだり、念仏を唱えたりした。天皇の命を受けた門跡（皇族が出家してなった寺院の住職）により、臨時の法会や加持祈禱がおこなわれることもあった。

泉涌寺《せんにゆうじ》（京都市東山区）は、承久の乱（一二二一年）ののち、上皇の挙兵という異常事態により避けられることとなった天皇の葬儀を引き受け、やがて皇室の菩提寺ともなり、以来「御寺《みてら》」と呼ばれるようになった。後堀河《ごほりかわ》天皇はこの寺を皇室の祈願寺と定めて、仁治三年（一二四二）正月には四条天皇の葬儀をおこなった。そして、後堀河天皇と四条天皇の陵墓は泉涌寺内に築かれ、南北朝から安土桃山時代まで歴代天皇の葬儀がおこなわれた。皇室との関係は江戸時代に入ってからより密接となり、後水尾天皇から孝明天皇に至る歴代天皇・皇后の葬儀を一貫して執りおこなうとともに、その陵墓も、「月輪陵」、「後月輪陵」、「後月輪東山陵」として、境内に築かれ祀られていった。

4　近世庶民信仰の多様さ

†民衆に浸透する近世仏教

近世になると、民衆のあいだでは地域の神社や仏堂を信仰するだけではなく、有力神や流行神、あるいは霊験仏《れいげんぶつ》を迎えて祀ったり、霊場や霊山に参拝したりする宗教的習俗が広まるようになった。また江戸時代に幕府は、町にも村にもあり、信仰の対象でもあった仏教寺院を、民衆を統治するための装置、手段として用いるようになる。

寛永一七年（一六四〇）、幕府は宗門改役《しゅうもんあらためやく》を設ける。キリシタンや日蓮宗不受不施派でないことが証明されたものは「宗門改帳（宗旨人別帳）」に記載され、檀那寺《だんなでら》に所属する檀家や檀徒（施主）となった。一度定められた檀那寺を変更することのできないこうした制度を「檀家制度」あるいは「寺請《てらうけ》制度」という。住居の移動、結婚、就職、旅行のさいには檀那寺で発行する証文が必要となり、この制度は徳川幕府の維持に不可欠なものとなった。

またこの時代は修験道が民衆の生活に密接に浸透していき、医療の行き届かない農村部などでは、山伏の祈禱がその代りを担った。江戸幕府は修験道の活動を統制下に置くために、山伏を本山派（天台系）か当山派（真言系）に所属させるとともに、その遊行を禁止したため、彼らは町や村に定住して「里山伏」となった。山伏は地域社会に定着し、庶民の現世利益的な希求に応えて、成年儀礼、祭礼行事、芸能などの発達に寄与した。安丸良夫は『神々の明治維新』のなかで、近世の民衆の宗教にたいする意識が、どのように育まれたかについて次のように述べている。

民衆の宗教意識は、地域の氏神、さまざまな自然神、祖霊崇拝と仏教、遊離する宗教者の活動などと複雑なかかわりをもっていた。寺檀制と本末制は、民衆のこうした宗教意識の世界に権力が踏みこんで、民衆の心の世界を掌握する制度であった。

宗門改と寺請制度が、キリシタン問題が政治課題でなくなった一六七〇年代に制度として整備されるのは、それが民衆支配の手段としての性格をもつものであったことの証明である。仏教はそれまで政治権力としばしば争ってきたが、その民心掌握力のため、権力体系の一環に組みこまれ、国教ともいうべき地位を占めるようになった。「こうして鎌倉仏教がきり拓いた民衆化と土着化の方向は、権力の庇護を背景として決定的になった」と安丸は指摘する。

また江戸時代には、観音・地蔵・薬師などが、子安観音、延命地蔵などさまざまに分化し、民衆の現世利益的な願望にこたえるようになっていった。現世利益的な祈願は仏教系のものだけではなく、神道系や修験系のものなどにも捧げられたが、これらも仏教との習合が強く、区別することは困難であることが多かった。

各種の参詣講、飲食や娯楽の機会ともなった地域の講、開帳や縁日なども含めて、民衆の日常生活のなかにあるさまざまな願望が、仏教の様式を借りて表出されていった。このように、近世社会の都市化と大衆化の進行により、民衆の信仰世界は多様な神仏を取りこみ、入り組んだ宗教生活を営んでいたのである。

†霊場参拝の流行

近世の民衆にとって、宗教的な互助組織である「講」を結んで霊山へ参詣することは大きな娯楽だった。修験者の修行場だった各地の霊山が、民間信仰の空間として開かれていったのである。その代表的な登拝地が富士山である。

富士の山の秀麗な山容は、古代から自然崇拝の対象となっていた。その山神は神話に登場する「木花開耶姫《このはなさくやひめ》」に想定されたが、「浅間大神《あさま》」とも呼ばれた。浅間大神は、鎌倉時代の『吾妻鏡』では、「富士大菩薩」や「浅間大菩薩」という呼称で記され、富士山の山頂部は仏の世界と考えられるようになっていった。江戸時代になると、登山の大衆化とともに村山修験や富士講などが形成され、富士浅間信仰を発展させていく。なかでも富士講は、講金を積み立て、交代で選出された代参者が代表として富士山に参詣するというものだった。また江戸府内の浅間神社の境内には、富士山をかたどった富士塚がつくられた。

「讃岐のこんぴらさん」で親しまれている「金刀比羅《ことひら》宮」（香川県琴平町）は、室町時代初期以降、瀬戸内海の海上交通の発達や、塩飽島《しわくじま》を本拠地とする海賊衆・塩飽水軍《しわくすいぐん》の活動などとともに、その信仰が航海、漁労関係者のあいだに広まった。江戸時代に入ってからは、廻船の発達で全国に勧請され、金毘羅《こんぴら》講による金毘羅詣が全盛を極めることになる。

そもそも金毘羅（金比羅）とは、インドのガンジス川にすむ鰐《わに》を神格化した仏教守護神の一つで、その宮はインドの象頭山《ぞうずさん》（インド中部の山で象の頭に似、釈迦が修行し、また説法したといわれる）にあった。それが日本では、讃岐国象頭山にあった真言宗寺院、金光院松尾寺の本尊釈迦如来の守護神とされ、象頭山金毘羅大権現と称する海神、水神として、海上安全、海難救助、雨乞い祈願をされるようになったものである。中世以来、金毘羅権現を管理する別当職は金光院があたっていたが、寛文一〇年（一六七〇）以降、神職は山内から除かれ、僧侶だけが支配していたようである。各地に浸透した金比羅信仰も、神と仏のあいだにある権現信仰だったのだ。

神と仏の共存の歴史を、古代から近世末期までみてきた。神仏の習合は神宮寺の建立という形式で地方から始まり、朝廷が造営し、尊崇した中央へと波及していった。それらと並行しながら山岳信仰にもとづく場所でも、神仏の中間的観念である権現が生み出され、民衆は神・仏のこだわりなく信仰し、各地の霊場を巡拝した。また朝廷、皇室においては神の祭祀者である天皇が、仏教を庇護し、仏式の葬儀を執り行ってきた。いっぽうで地域に浸透した仏教寺院は、体制の統治機構の一環に組み入れられるようになっていく。遡れば一〇〇〇年にも及ぶ神仏関係、あるいは人びとと神仏の関係が、明治維新になって大きな変革を迫られていくことになるのである。

第一章

毀釈の典型

——日吉・薩摩・隠岐ほか

1　廃仏毀釈はいつ始まったのか

†近世に発生していた神仏分離

神仏分離を政府が命じ、それにより廃仏毀釈が本格的におこなわれたのは明治維新においてである。しかし、廃仏をともなう神仏分離政策は、藩主の主導により江戸時代にもいくつかの藩で限定的におこなわれていた。ここからは古代末期以来の神仏習合が、神仏分離令によっていかに損なわれ、どこの地域で、どういった廃仏毀釈があったかを具体的にみていく。この章ではまず、江戸時代における神仏分離と廃仏の様相を明らかにし、その後、維新の廃仏毀釈で、最も過激だったものの実態を紹介していくことになる。

いま述べたように、神仏分離や廃仏毀釈は、江戸時代の後期から準備されていた。儒学者のあいだで仏教批判が始まり、復古神道を唱える国学者がそれに次いだ。国学の排仏思想によって、神道から仏教色を排除する動きが出現し、水戸藩（茨城県）や岡山藩、会津藩（福島県）で地域的な神仏分離がおこなわれた。排仏意識は幕末に至っていっそう強まり、水戸藩や薩摩藩（鹿児島県）では過激な寺院整理がなされ、また石見国《いわみのくに》（島根県）津和野藩でも独自の神社・寺院改革がおこなわれた。

序章で見たとおり江戸時代の民衆は、神仏を信仰する際に区別やこだわりはなかったようである。これにたいして、儒者・国学者・神道家・仏教者など知識層では、神仏を分けて考えるべきだとする思想が展開していった。このような思想の影響を受けた藩のなかに、維新に先駆けて神仏分離政策を実行したところがあったのだ。

寛永一二年（一六三五）頃から寺請制度が施行され、民衆は寺院の檀家に組み込まれていった。またこれを機会に寺院の経営拡大がおこなわれ、それを支えるために民衆からの収奪がおこなわれることになる。それまでは堂、庵、坊などと呼ばれ、定住する僧さえ存在しなかった宗教施設が寺院に昇格し、近隣の民衆を檀家として把握して檀家が寺の経営を支えるという関係が固定化していったのである。幕藩領主の側も、僧侶が身分保証だけに専念していれば寺院の弾圧に手を貸す必要はなかった。しかし、僧侶らが宗判権《しゅうはんけん》（宗門改帳に判を押す権利）をかざして勢力拡大をはかり、民衆収奪をはかるようになってくると見逃すことはできなくなる。このような情勢のなかで、儒者をはじめとする思想家たちによる排仏論が展開されていく。

寛文五年（一六六五）七月、幕府は全国の寺院僧侶の生活規範を制限する諸宗寺院法度を施行した。この法度は、僧侶の生活が華美であることを戒しめるとともに、教義・戒律の遵守を迫り、僧侶の権利の売買や寺領の質入売買などといった寺院経営のやり方にたいしても、批判的な箇条を多く含むものだった。幕府によるこうした寺請制度批判、寺院保護から寺院統制への姿勢の変化は、僧侶の横暴に手を焼いていた藩主たちに積極的に受け入れられていくことになる。

このように神仏分離の動きは明治維新になって突然起こったわけではない。次項で述べるように、藩主が国学を奉じた水戸藩や岡山藩では、江戸時代前半にも寺院を整理する動きがあった。また幕府が民衆に義務づけた寺請制度は、仏教にたいする反発の下地となり、くすぶり続けていたのである。

†水戸藩の神仏分離政策

江戸時代に起こった神仏分離政策は、その初期には儒学の名分論《めいぶんろん》（名称と分限・身の程の一致を求める伝統的思想）を背景に、会津藩や水戸藩、岡山藩などでおこなわれた。会津藩の保科正之、備前岡山藩の池田光政らが、領内で神仏分離を推し進め、寺院の削減策を採った。また徳川光圀《みつくに》が推進した水戸藩の廃仏政策により、領内の寺院の半数が廃されたという。

光圀の影響を受けた水戸学では神仏分離、神道尊重、仏教軽視の考えが先鋭化し、徳川斉昭《なりあき》は水戸学学者の藤田東湖《ふじたとうこ》らとともに寺院を厳しく弾圧した。水戸藩では、朱子学的思想が強く、また尾張藩・紀伊藩と並ぶ御三家でもあることから、神仏分離政策を推進していくことができた。光圀は寺社の整理にとりかかる前に、その実態調査にとりかかり、寛文三年（一六六三）に「寺社開基帳」を領内各町村に命じて書き上げさせ、寛文五年一二月には寺社奉行を設置、翌六年に寺院整理が断行された。

水戸藩の寺院を管理するものは、一位が真言宗、二位が修験系の山伏、三位が天台宗、四位が曹洞宗、五位が行人《ぎょうにん》（世俗的僧侶）の順だった。真言宗が一宗のみで全体の五六・八パーセントを占め、神仏習合的色彩が強い真言宗、修験など祈禱系が、圧倒的な勢力を誇っていた。破却された寺数でも、第一位は真言宗で、第二位は天台宗、第三位は浄土宗、第四位曹洞宗、第五位一向宗の順で、祈禱系の真言宗・天台宗の二宗に処分が集中している。徳川光圀による寺院整理は、半数以下の寺院の存在しか許さなかったという大弾圧で、破却された寺院の僧侶には帰農が奨励された。

元禄九年（一六九六）におこなわれた神社整理では、仏教的な祭神を取り除き、神道的な幣《へい》（神前に供える麻・絹・紙などによる神具）や鏡などにすること、神社の管理人を僧侶や山伏から神官に代えること、仏教的色彩の強い八幡宮を破却すること、寛文以来のひとつの村にひとつの神社しか認めない一村一社制を確定する政策などが施行された。しかし、この年に作成された「鎮守帳」によると、状況が詳しく記された七一社について、幣・鏡・石に神体が改変されている社が五九社あり、一二社では従来どおり仏像を神体としている。つまり神仏習合を保持した神社も少なくなかったのである。

神社の司祭者を僧侶から神官に代える政策をとった結果、総数五五五社のうち、神官が管理している神社数は二八六社で、全体のほぼ半数の神社がこのときから神官によって支配されるようになった。だが、仏教僧侶の勢力は依然として強く一八九社を管理し、宗派ごとでは山伏が圧倒的に多く、祈禱系が約九六パーセントを占めた。このほか村落共同体で管理している鎮守や、百姓がその祭主になり管理している神社も三三社あった。

元禄九年（一六九六）の水戸藩の鎮守改めの際には、八幡宮が破却された。武神とされる八幡神（八幡大菩薩）を祀る八幡宮は、水戸徳川家としても積極的に保護し、民衆の信仰も集めていたが、領内にあった七三社はすべて破却されてしまう。なおその後、明治新政府で神道国教化政策を推進しようとしたものたちも、近世の神仏分離政策の背景となった後期水戸学や平田派国学の影響を強く受けていた。

戊辰（慶応四）年の太政官布告

近代の幕開けとともに始まった本格的な「廃仏毀釈」は、慶応四年（一八六八）三月一三日、一七日、二八日に相次いで出された太政官布告、神祇官事務局達など、いわゆる「神仏分離令」により沸き起こることになる。このうち三月二八日の神祇官事務局達は次のような内容だった（原文の片仮名を平仮名にし、新仮名づかいで読み下す）。

一　中古以来、某権現《ぼうごんげん》あるいは牛頭天王《ごずてんのう》の類《たぐい》、その外仏語《ほかぶつご》をもって神号に相称《あいとな》え候神社少なからず候《そうろう》。いずれもその神社の由緒を委細に書き付け、早々申し出ずべく候事。ただし、勅祭《ちょくさい》の神社、御宸翰《ごしんかん》、勅額《ちょくがく》等これあり候向きは、これまた伺い出ずべく、その上にて御沙汰《ごさた》これあるべく候。その余の社は、裁判、鎮台、領主、支配頭等へ申し出ずべく候事。

一　仏像をもって神体と致し候神社は、以来相改め申すべく候事。附、本地《ほんじ》等と唱え、仏像を社前に掛け、あるいは鰐口《わにぐち》、梵鐘《ぼんしょう》、仏等の類差し置き候分は、早々取り除き申すべき事。右の通り仰せ出され候事。

最初の条では、古代以来の「権現」、「牛頭天王」といった仏教用語で神名を呼んでいる神社は少なくないとし、そうした神社は由緒を詳しく書き、早々に申し出ることとする。ただし、祭祀に際して天皇の使者が派遣される神社、天皇自筆の文書、額などがあるときは伺い出て、指図を待つこと。その他の社は、地域の行政機関に申し出ることとした。つまり、神社の祭神の名称から仏教式のものを排除するため、神社の縁起を提出せよと命じているのである。次の条では、社殿内外に置かれた仏教的要素を排除することがめざされ、仏像を神体としている神社は改め、鏡像・懸仏、釣鐘などの仏具を、早くに取りのぞくことが命じられている。

「神仏判然の御沙汰」とも言われるこの神祇官事務局達が出る一〇日ほど前の三月一七日には、神社に属して仏教儀礼をおこなう、あるいは神宮寺の仏事を司る僧侶、「別当」「社僧」の僧位・僧官の身分を剝奪する「復飾《ふくしょく》」の命令が布告されていた。

今般王政復古、旧弊御一洗なされ候に付き、諸国大小の神社において、僧形にて別当あるいは社僧等と相唱《あいとな》え候輩は、復飾仰せ出され候。もし復飾の儀余儀なく差し支えこれある分は、申し出ずべく候。よって、この段相心得べく候事。ただし、別当社僧の輩復飾の上は、これまでの僧位僧官返上は勿論に候。官位の儀は追って御沙汰あらるべく候間、当今のところ、衣服は浄衣《じょうえ》にて勤め仕るべく候事。右の通り相心得、復飾致し候面々は、当局へ届出申すべき者也。

この別当社僧復飾令、同三月二八日の神仏判然令は、日本全国の神仏が習合した神社から神と仏を切断し、仏の要素を否認・排除した。神道国教化を目論んだ明治新政府は、まず「神」「仏」の境界が曖昧であることをただし、そのうえで神道の領域に混在する仏教的要素、偶像崇拝の対象の排除を命じたのである。

しかし神仏分離令には、神仏が混淆・混在している状態を改め、仏教的なものを「取り除け」とは書かれていても、「破壊せよ」などとは書かれていない。にもかかわらず、実際には後述するように破壊されてしまったものがある。結果的に一部の地域では、神域にあった仏像・仏画・仏具が壊され、隣接する神宮寺が廃寺になった。また神仏習合によって成り立っていた修験道は廃止に近い状況まで追い込まれたのである。

神仏分離、廃仏毀釈の様相は地域によって大きく異なる。ここからはそのさまざまな状況、展開をみていくことにする。

2 〈先駆〉としての日吉社

†近代最初の廃仏毀釈

神仏分離令を契機とする廃仏毀釈が、どこよりも先んじておこなわれたのは近江国の日《ひ》吉《え》社（日《ひ》吉《え》山王《さんのう》社・山王権現）、現在の日吉《ひよし》大社（滋賀県大津市）だった。

日吉大社は比叡山の東麓にあり、西本宮と東本宮を中心とする境内は国の史跡、西本宮本殿と東本宮本殿は国宝に指定され、その他に国の重要文化財が一七棟を数える。

序章でもふれたように、日吉社は天台宗の総本山である比叡山延暦寺の鎮守として古代から中世、近世と歴史を重ねてきた。延暦寺とのあいだに神仏習合の度合いが非常に強い寺社関係を築いてきたが、この密接な関係が廃仏毀釈の要因になったとみられているのである。

　慶応四年（一八六八）四月、日吉社で社務を執っていた樹下《じゅげ》茂国《しげくに》らは、延暦寺の三執行代に神体とともに仏像・仏具を収めていた日吉社神殿の鍵の引渡しを要求する。拒否された樹下たちは、神道本所吉田家が王政復古に協力するためにつくった神威隊《しんいたい》の一部と、社司に雇われた上坂本・下坂本の農民一〇〇名とで神殿に乱入し、社殿に祀られていた本地仏や仏具、仏器、経巻など一二四点を焼き捨て、鰐口など四八点にのぼる金具を持ち帰った。その後、日吉社の祭祀をめぐる延暦寺と神官の対立は、周辺の住民をまきこみ明治三年（一八七〇）ころまで続くこととなった。

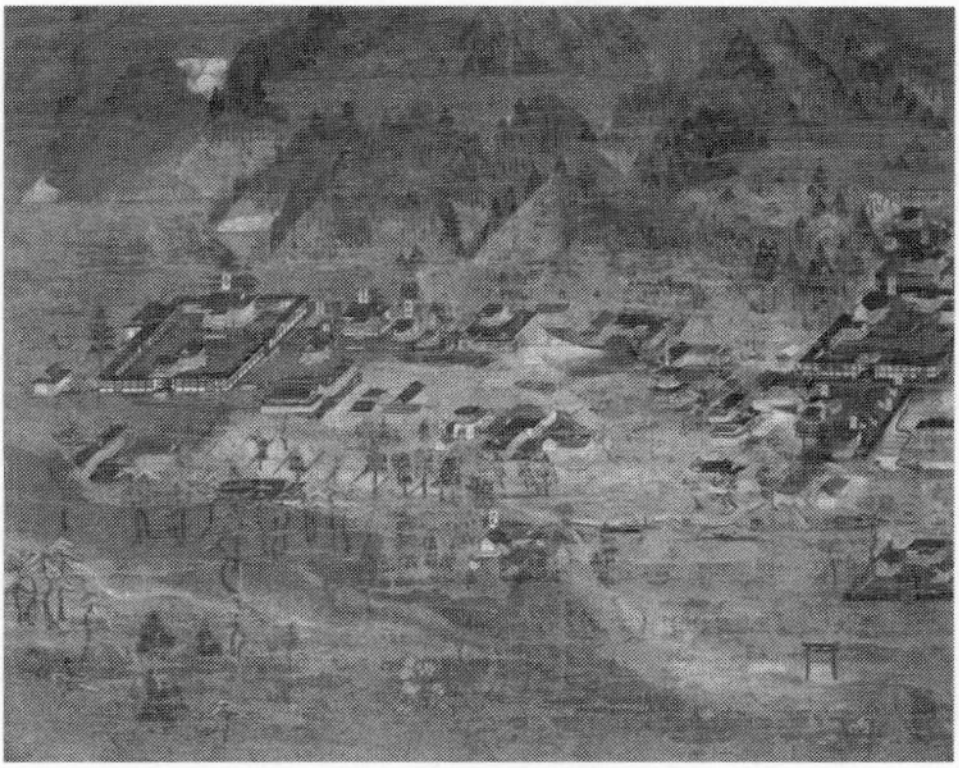

図７　中世以来の日吉社の景観を描いた「山王宮曼荼羅」（室町時代・重要文化財）部分　出典：ColBase（https://colbase.nich.go.jp/）掲載画像をもとに作成

　この事件は、神仏分離令布告のわずか四日後の四月一日に発生した。神仏分離令が比叡山に通達されていないにもかかわらず、樹下たちは布告にもとづき、日吉社の神仏分離を強行したのである。

事件の首謀者である樹下茂国は、日吉社の東本宮（二宮）に属する樹下宮の社司職を離れ、京都にあった神祇官に権判事《ごんのはんじ》（神祇官の職制で判事に次ぐ）として出仕していた。樹下とともに廃仏を実行した生源寺義胤《しょうげんじよしたね》も日吉社の社司だったが、長年にわたり比叡山に属し、仏僧よりも下の地位に置かれていた社司たちが、廃仏毀釈を率先したのである。

日吉社の廃仏毀釈を主導した神祇官の権判事には、どのような人物が就いていたのだろうか。

地元滋賀県の研究者・羽根田文明《はねだあやはる》は、大正一四年（一九二五）の著作『仏教遭難史論』で次のように説明している。維新の際、世襲の官職をすべて廃し、職員は人材登用になり、最初に神祇官の設置となった。神祇官は近代以前のとおり、太政官の上位にある独立の機関で、慶応四年に任じられた神祇官最初の総督は白川三位（資訓《すけのり》）、大輔が亀井茲監《これみ》だった。亀井は、過去に「排仏主義」を実行していた津和野藩主で、そのほか正・権判事もみな排仏家の国学者、儒者だったことから、神祇官はあたかも排仏者の集合団体のようであったという。また樹下らが比叡山への通達前、分離令布告の直後に廃仏を断行したのは、神祇官として布告の内容を事前に知りえたからであり、分離令の作成に関与していた可能性もある。

日吉社における神仏分離は、近世にもめざされたことがあった。延宝九年（一六八一）、山王権現は大日如来《だいにちにょらい》であり、また天照大神であると説く山王一実神道を改めようとする動きが日吉社から起こり、延暦寺と争いになった。しかし、貞享元年（一六八四）に日吉社は論争に敗れ、翌貞享二年に山王神道を守るように延暦寺から命じられてこれを受け入れている。維新の廃仏毀釈から遡ること二〇〇年近く前に起こった事態だが、日吉社の神官たちは神仏習合状態からの脱却をもともとめざしていたのである。

†「容赦もなく灰燼に」

日吉社における廃仏行為は、次のように激烈なものだったと記録されている（羽根田文明『仏教遭難史論』ほかより）。

社司方はもはや猶予に及ばず、武力を以て実行に着手せよとして、樹下茂国、生源寺社司、ならびに部下の祝部《ほうりべ》（神社で神主・禰宜《ねぎ》の次位にあるもの）と同志三〇〜四〇名に、槍、棒などの兵器を携えさせ、これに坂本村の人夫数十名を加えて一隊となり、山王権現の神域内に乱入し、神殿に昇り、扉の錠をねじ開けて殿内に入り、神体である仏像・僧像はもちろん、経巻、法器等、いやしくも仏にかかわる物品はことごとく取り除いて、これらを階下に投げ出した。

日吉社を構成する七社（大宮、二宮、聖真子《しょうしんじ》、八王子、客人《まろうど》、十禅師《じゅうぜんじ》、三宮）とも同じような状況で、取り除いた仏物は数多く、これを二宮社前に積み上げて土足で蹴り、槍の石《いし》突《づき》で突き砕くなど、種々の乱暴狼藉の上、ついに火を放って一時に焼き捨てた。山僧の語るところによると、二宮の社殿内にあった八巻の法華経は、重みがあるほど多くの金泥（金を溶いた顔料）を用いたものだったという。樹下茂国は弓矢を取り、仏像の面部を的にして射貫いて、大いに快哉を叫んだ――。

現在、国宝に指定されている東本宮、西本宮の本殿はともに、切妻《きりつま》造り、檜《ひ》皮葺《わだぶき》平入りの屋根の前と左右側面の三方に庇を付けた「日吉造り」と呼ばれる独特の建築様式である。東西大宮をはじめとする山王七社の本殿の床下には、「下殿《げでん》」と呼ばれる祭祀施設があり、内陣の真下は土間、それ以外は板間で、そこに仏像を安置して、仏事が執行されていた。つまり樹下らはこの下殿にあった仏像・仏画・経典・仏具などを引きずり出し、積み上げて、火を放ったということになる。樹下や生源寺らによる破壊行為にたいし、延暦寺は政府に強く抗議、抗議は二年後に聞き入れられることになる。

†破壊への戒告

日吉社で廃仏事件が起きた九日後の四月一〇日、同様の事件の再発を防止するため、維新政府は仏像などの破壊を戒める太政官布告を出すことになる。

旧来、神社の社人と寺院の僧侶は氷炭相いれぬほどに関係が悪く、今日に至って、社人どもがにわかに威権を得て、表には「御趣意」と称しながら、実際には僧侶にたいする私憤を晴らすかのような所業が出来してしまっては、御政道《ごせいどう》の妨げを生じるばかりである。のみならず、当の神社と寺院の間で紛擾《ふんじょう》を引き起こすことは必然である。そうなっては実に相済まないことなので、当事者にはその点を厚く顧慮させ、緩急よろしきを考え、穏やかに取り扱うべきことはもちろん、僧侶どもについても、生業の道を失わず、ますます国家の御用に立つよう、せいぜい心がけるべきである。

神社の中にある仏像・仏具等、取り除くべきものであるといえども、一々その取り計らい向きを伺い出て、その御差配を受けよ。もしも心得違いをして粗暴の振る舞い

などがあった場合には必ず違法として処罰する。（「戊辰年太政官布告・四月一〇日」要約）

日吉社における廃仏毀釈から一年八か月後の明治二年一二月、樹下茂国と生源寺義胤はこの件の責任で処罰され、権判事の任を解かれる。樹下は解職後、岩倉具視《いわくらともみ》邸に身を寄せ、晩年には修史館に勤めて『皇親系図』の編修にかかわっている。

事件の直後、日吉社は比叡山延暦寺から独立し、以後、日吉大社を名乗るようになった。また山王七社と呼ばれていた大宮、二宮、聖真子、八王子、客人、十禅師、三宮は、これ以降それぞれ、西本宮、東本宮、宇佐宮、牛尾神社、白山姫神社、樹下神社、三宮神社と社名が変更され、現在に至る。

日吉社本殿の内部は、中世以来の神仏習合を典型的かつ顕著に伝える空間だったが、そこから仏教的な要素が取り除かれた日吉社の事態は、非常に象徴的な出来事だったといえるだろう。ただしかし、羽根田文明が『仏教遭難史論』で描写したような、仏物を土足で蹴り、槍の石突で突き砕くなど乱暴狼藉を働き、樹下が仏像の顔を弓矢で貫き、快哉を叫んだといった行為は、すべて信じることができるものだろうか。廃仏毀釈をめぐる〝暴挙〟にかんしては、こうして伝聞・伝承にもとづくとみられる誇張や脚色が少なくないように思われるのである。

3　薩摩藩における徹底的破却

†分離令布告以前の廃仏活動

神祇官の先導によりほかの地域に先んじた日吉社のほかでは、佐渡、富山、松本、苗木、津和野、土佐、薩摩などで激しい廃仏毀釈が起こった。このうち薩摩藩では、島津家の菩提寺だった福昌寺《ふくしょうじ》をはじめ、慶応初年に存在した一〇〇〇以上の寺院がひとつ残らず廃され、二九六四人の僧侶が還俗させられたという。なお、このような仏教色排除は、神仏分離令の布告の前から実行されていた可能性がある。

薩摩藩における廃仏毀釈の主導者で、島津斉彬《なりあきら》の側近だった市来四郎《いちきしろう》らは、まず寺院の石高や僧侶数を地域別に徹底的に調べ上げたという。その調査の結果は、大小寺院の総数が一〇六六寺、その石高が一万五一一八石、僧侶数が二九六四名だった。寺院は、敷地や田畑、山林などは税金が免除されるとともに、堂宇の修繕や祭事などで毎年大きな金銀や米の支出があった。また市来らの調査によると、薩摩藩全体の寺院関係支出は、一〇万余石にのぼり、幕末の薩摩藩は八七万石といわれていたので、財政に占める寺院関連支出がかなり大きかったことになる(久保田収「薩摩藩における廃仏毀釈」より要約)。

なお、寺院を廃し、各寺院にある大小の梵鐘や仏像、仏具類を武器製造の材料に充てると、銅の代価に換算して約十余万両になると見積もられ、仏具類を兵器に鋳替えたり、天保銭の材料に用いたりしたものもいた。天保銭に鋳替える際には、松平越中守が寛永通宝を鋳造したときの訓諭などを引き、「衆生済度の主意にもとづき、実際の餓鬼を救う」などといいふらし、廃仏が一大事変であるにもかかわらず、支障なくおこなえたのは怪しまれることだった。

つまり市来は梵鐘などを鋳潰し、兵器や天保銭の原料にしたようなのだ。当時においては通貨の発行権は徳川幕府にしかなかったので、薩摩藩は寺院の梵鐘などを溶かして贋金を作っていたということになる。

†大寺院の「処分」

仏像の処理について市来は次のように述べている（久保田前出による）。「仏像の始末については、石の仏像は打ち毀《こわ》して、川の水除けなどに沈めた」、「いま鹿児島の西南、甲突川の仏淵と呼ばれるところは、当時、石仏像を沈めたところである」、「木の仏像はことごとく焼き捨てた」、「大寺の堂塔や門を壊すとき、大工や人夫が負傷すると評判に関わるので注意して指揮した」。また当時の風説に、「昔の人は大寺院や仏像を造立するために金銭を費やし、真心をこめて信仰したが、それだけの効験があるものと思いきや、今日打ち壊してみたらなんのこともない。昔の人はだいぶ損なことをしたものだなどといい、仏というものは、慰みもののようなものだったという評判になった」という。

市来はまず城下の寺院を「処分」し、なかでも最初に処分したのは大乗院で、境内には支坊、末寺が一〇以上あったが「悉《ことごと》く廃毀《はいき》された」。

かつて鹿児島市稲荷町にあった大乗院は、守護大名島津氏の本拠である清水城が移転した跡地に建立された寺院で、歴代藩主の尊崇が篤く、真言宗の藩内首座を一乗院と争った。明治二年（一八六九）の廃仏毀釈の際、藩主からの信仰が仇となり、真っ先に破壊されたのである。大乗院はその後、明治二九年（一八九六）に鹿児島市長田町に「最大乗院」と名前を変え高野山の説教所として再興された。本来の跡地は現在、鹿児島市立清水中学校

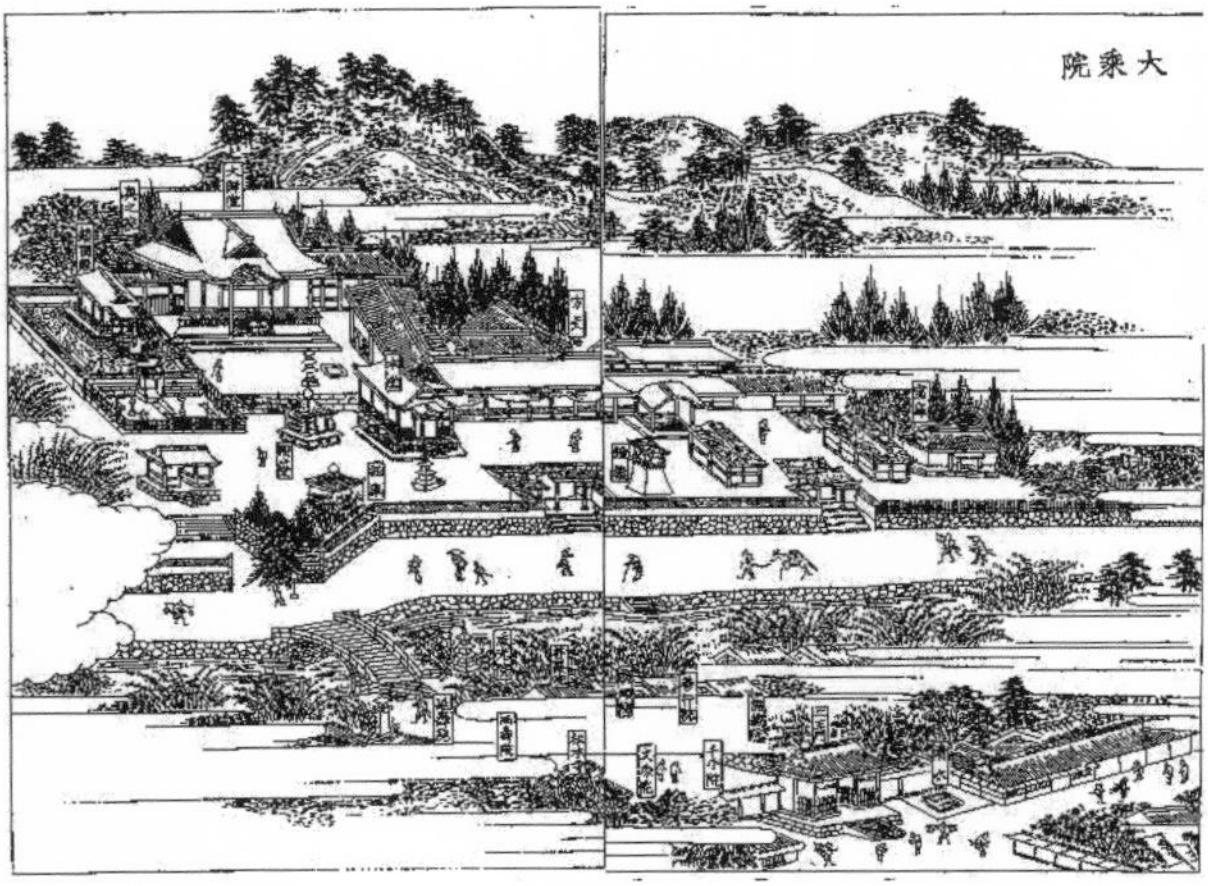

図８　大乗院（「三国名所図会」より）　所蔵：国立国会図書館

となり、一一世貫首《かんしゅ》・覚山の墓と大乗院橋という石造橋だけが残されている。

真言宗の藩内首座を大乗院と競った一乗院（南さつま市坊津町。山号は如意珠山、本尊は虚空蔵菩薩）も廃絶を免れなかった。

寺伝等によると創建は敏達天皇一二年に百済の僧・日羅《にちら》によるとされるが、実在が明確になるのは南北朝時代からである。紀伊国根来寺《ねごろじ》の別院で、その後は京都仁和寺《にんなじ》の別院として栄えた。江戸時代に入ってからは藩主である島津氏の尊崇を受け、藩内屈指の有力寺院だったが、明治二年の廃仏毀釈により廃絶。現在は仁王石像一対や一乗院の歴代上人の墓などが残るのみである。

主祭神に島津氏中興の祖・島津忠良（神

名は日《ひ》新偉霊彦命《わかくすたまひこ》）を祀る南さつま市加世田《かせだ》の竹田神社（現在は「たけだじんじゃ」と読むが、創建当初は「たかたじんじゃ」と読んだ）がある場所には、もともと忠良の菩提寺である日《じっ》新寺《しんじ》が建っていた。日新寺は曹洞宗に属し、山号は龍護山《りゅうごさん》、本尊は釈迦如来、太平山常《じょう》珠寺《じゅじ》の末寺だった。文明一七年（一四八五）、島津国久が創建した保泉寺《ほせんじ》が始まりとされる。その後衰微していたが、永禄七年（一五六四）に島津忠良が再興。忠良の死後、七世住持の梅安和尚が寺号を「日新寺」と改めた。「日新」は島津忠良の戒名の一部で、その後は忠良の菩提寺として島津氏の尊崇が篤く、島津氏ゆかりの人々の墓所となった。

明治二年一二月に廃仏毀釈で廃寺となり、日新寺の土地建物等を流用して竹田神社が創祀され、同六年に島津氏により社殿が造営されたのだった。

門徒が守った仏像

薩摩藩では室町時代から約三〇〇年にわたり浄土真宗が禁止されてきた。南さつま市坊《ぼう》津《のつ》町久志《くし》にある廣泉寺《こうせんじ》は、「久志二十八日講」という名称で、京都・西本願寺門前の正光寺の門徒として活動してきた。薩摩藩内に浄土真宗の寺がないため、京都の門徒となっていたのである。

本尊の木造阿弥陀如来立像は、薩摩国頴娃《えい》郷の開聞《かいもん》神社（またはその別当寺である瑞応院）に祀られていたが、廃仏毀釈を免れるため久志にもたらされ、土中の石棺内に収められていたという。鎌倉時代の仏師快慶の作風に影響を受けた「安阿弥様《あんあみよう》」を継承した作風で、制作時期は鎌倉時代後期から南北朝時代、畿内の仏師の手になるものと推定されている。明治一二年（一八七九）に土中から掘り起こされ、浄土真宗が解禁されたのち京都で修理されて、現在は廣泉寺の本尊として安置されている。

神仏習合の終焉

薩摩藩では、城下寺院の処分のあと郡村部の寺院処分に移ったが、全てが終わるのに三四年も費やしたという。さらにその後、神社における神仏習合の分離にとりかかったという。

各地を巡回し、神社ごとに検査のうえ仏像・仏具を取り除いたが、仏像を神体にした神社があった。こうした神社では新たに神鏡を作って取り替えたが、霧島神社をはじめとする神社の神体は仏像で、鹿児島神社は千手観音だった。薩摩・大隅・日向にある大小、四〇〇〇あまりの神社を詳細に検査したところ、大隅国国分郷にある「なげきの森」という古歌に見える神社（霧島市隼人町の蛭子《ひるこ》神社か）の神体は古鏡だったが、神仏混淆でなかったのは、ただこの一社だけだったという。

神仏分離のための調査状況により、鹿児島地方の神社で神仏習合がどれほどまでに浸透していたかがわかる。しかし、それゆえにこそ分離の指示は徹底され、廃仏へと突き進んだのだった。

4 隠岐——離島独自の事情

†隠岐騒動と廃仏運動

日本海に浮かぶ隠岐諸島では、維新の過渡期に、離島ならではの騒動と廃仏運動が起こった。

まず嘉永四年（一八五一）に、主島である島後《どうご》の村々の寺院が、風紀を乱すという理由で郡代から訓告がおこなわれた。慶応四年（一八六八）三月一九日には、尊王攘夷思想をもった庄屋・神官らからなる正義党が、隠岐の朝廷直轄領化、藩郡代の退去を要求した

「隠岐騒動」が勃発し、松江藩の郡代を追放して、八〇日間にわたり島民による自治が敷かれた。この騒動が始まったのと同じ月に神仏分離令が布告され、隠岐の各地でも廃仏がおこなわれることとなる。

同年五月には、島後南部の完全寺の住職が、同志派（郡代追放を主張する正義党の同志）による寺院破壊、地蔵、庚申塚《こうしんづか》の打ちこわしを松江藩に訴えた。松江藩は一旦陣屋を回復するが、薩長の介入により再び同志派の自治が始まり、寺院側は窮地に陥る。八月には、官軍側の久我総督の武運長久を護国寺（島後中部）で祈禱したが、このとき寺の入口に「不浄之党不可入事」などと掲げたため同志派が反発、監察使と同志派が結託して住職を追放するなど廃仏が徹底された。

明治二年（一八六九）二月、同志派の寺側に対する迫害は強まり、完全寺では「山林を勝手にし、並木類ことごとく切り倒し、杉垣を引き抜き、地蔵堂を壊し、仏像を壊し、菜園を踏み倒し調練場にする」などという破壊行為が実行された。同年四月、隠岐県知事に久留米の神官出身の真木直人が着任し、廃仏を進めた。隠岐国分寺では住職が寺を捨て、「県知事においては取り調べの様子もなく、国内諸寺院ことごとく乱暴になったもよう」と本寺である東寺に訴えた。

当時、行政府の役割をした総会所の内部では、廃仏に賛成しないものも多かったが、総会所は県知事が指導していたため、急進派の庄屋のなかには廃仏を断行するものたちが出てきた。こうして国分寺などの古刹も含め、島内のいたるところで廃仏が進められ、仏像・仏具が処分されて、その後に寺院が焼却された。同志派は寺院の土地建物と什器《じゆうき》のすべてを朝廷に献納するように決議し、隠岐県は廃止になり、新たに管轄となった大森県に献納を出願した。県では、「その志は奇特なれどもこれ元来島民の所有物なれば島民自らこれを処分すべし」と命があり、荒廃した建物は毀却か焼却、またはほかの用材にした。なお現在ある各村の小学校の所在地の多くは寺院の敷地だったという。

田畑山林はその後、隠岐四島の共有財産とされ、売却の末、教育事業などにあてられた。医師養成のための貸費、医術振興のための支出、大学・旧制高校入学生の学資援助や、隠岐図書館の創立などに充当され、廃仏毀釈は結果的に隠岐の振興に大きく貢献したという評価もある。

†小野篁造仏伝承

島後の中部、西郷地区から八尾川に沿って上流に行くと、都万目《つばめ》地区がある。ここには

図９　願満寺「金剛力士立像」

古くから歯痛に効験があると信仰されている「あごなし地蔵」が祀られ、小野篁《たかむら》をめぐる伝承が残されている。

平安時代初期の参議で歌人としても名高い小野篁は、遣唐副使に命じられたのを拒み、嵯峨上皇の怒りに触れて配流の身となり、隠岐島前《どうぜん》の海士《あま》町豊田の野田に流された。篁は配流から一年後、明屋《あきや》海岸から海を渡り、隠岐の島町那久《なぐ》の光山寺に身を寄せて、この地で何体もの仏像を彫り残したという。篁は光山寺から隠岐の島町小路の願満寺《がんまんじ》へ日参する道中で、都万目の村娘・阿古那《あこな》と恋仲になった。しかし、赦免され都へ帰ることになった篁は、阿古那のために自分の身がわりにと、二体の地蔵菩薩を刻んで残した。いつしか阿古那地蔵が「あごなし地蔵」と転訛《てんか》し、さらに歯痛に効くとの信仰になっていったという。

隠岐の廃仏棄釈では、篁が彫った仏像のうち、あごなし地蔵や願満寺の薬師如来と金剛力士は難を逃れたとされる。現在、願満寺には一〇体の仏像が安置され、いずれも廃仏毀釈の嵐を免れたものだという。本堂に祀られる薬師如来と脇侍の二菩薩、天部形《てんぶぎよう》立像などは古い様式を伝え、山門に立つ阿吽《あうん》の金剛力士立像は、廃仏毀釈の際に被ったとされる破損が痛々しいが、雄渾《ゆうこん》な作風である。

†大阪に残る「あごなし地蔵伝説」

小野篁作とされる隠岐の「あごなし地蔵」は、廃仏毀釈の際、安置する堂ごと焼かれたが、村人が燃え盛る堂内に飛び込んで二体の像を助け出し、自宅に隠していたとされる。現在も秘仏として、旧暦七月二三日の供養のときに開帳されるが、この地蔵像については、隠岐を離れた大阪府豊中市の東光院に、また別の伝承とともに伝えられている。

隠岐で起こった廃仏毀釈の際、廃仏に遭った伴桂寺の最後の住職は、当時の東光院の住職の弟子だった。伴桂寺では小野篁作のあごなし地蔵を祀っていたが、伽藍《がらん》、仏像、経巻などが焼却、破棄され、住職はあごなし地蔵像とともに東光院へ移ってきたという。しかし、大阪府から地蔵堂の新築が認められず、明治五年（一八七二）に旧川崎東照宮の本地仏と本地堂の引取りが認められて本地堂は「あごなし地蔵堂」となり、ここに鎮座されることになった。東光院に安置されている「あごなし地蔵大菩薩三尊像」は地蔵菩薩の両脇に掌善《しょうぜん》・掌悪《しょうあく》の二童子を配し、五〇年に一度開帳される秘仏となっている。

5　松本藩と苗木藩

†藩知事が推進

現在の長野県松本市を中心とした「松本藩」と岐阜県中津川市にあり、美濃国恵那《えな》郡、加茂郡の一部を領した「苗木《なえぎ》藩」でも徹底した廃仏毀釈がおこなわれた。前者は藩主の座から横滑りした藩知事、後者では日吉社と同様に神祇官の権判事が主導したものである。

松本藩での寺院破壊は、旧藩主で松本藩知事（任命当初の職名は知藩事）に任命されていた戸田光則《みつひさ》の主導により推進された。寺院の破却を率先した戸田は、明治二年（一八六九）七月、戸田家の氏神である五社神社内にあった自らの祈願所「弥勒院」を廃し、翌明治三年八月には太政官弁官に宛てて、自身の神葬祭への改典とともに、菩提寺の全久院、廟所の前山寺を無檀化し廃却する旨を表明した。さらに同年一〇月、藩内の士族に神葬祭への改典を説諭したことを受け、廃仏運動は全藩に広がっていった。そして、一般庶民の神葬祭への転換、寺院の無檀化、僧侶の帰農、寺院の破却などが推し進められたのである。

現在、松本市中央の妙勝寺にある鐘楼は、もともとこの地方では数少ない天台宗寺院だった念来寺にあったもので、この寺は本堂をはじめとする建築物は取り壊され、鐘楼だけを残して廃寺となった。木造阿弥陀如来坐像及び両脇侍立像をはじめとする仏像・仏具は、天領（江戸幕府の直轄地）に属していたため廃仏毀釈を受けなかった市内和田の西善寺に移されている。

なお妙勝寺の鐘楼に掛かっていた梵鐘は、昭和一七年（一九四二）に金属供出で失われたが、令和二年（二〇二〇）八月に、門徒の寄付や県・市教育委員会の補助金により復元された。

†苗木藩の「名号塔伝説」

苗木藩では、神祇官権判事の青山景通《かげみち》とその長男で藩の大参事に任用された青山直通親子らが、平田派国学の影響を受けた藩政改革を図り、徹底した廃仏毀釈が実行された。

図10　岐阜県東白川村の四つ割りにされた「南無阿弥陀仏」名号塔

明治三年（一八七〇）九月二七日、苗木藩庁は、支配地一同が神葬改宗したとして、管内の一五か寺の廃寺と、寺僧たちに還俗を申しつけたことを弁官（中央役人）に届け出ている。

歴史学者・渡辺浩一の「廃仏毀釈と石仏の受難・美濃苗木藩の事例から」によると、これに先立つ明治三年（一八七〇）八月一五日に、「村々の内、辻堂を毀《こぼ》ち、仏名経典等彫付候石碑類は掘り埋め申すべく候」という命令が出され、同年八月二七日はさらに、「堂塔並びに石仏木像等取り払い、焼き捨てあるいは掘り埋め申すべき事」が命じられる。苗木藩には、阿弥陀堂、観音堂、地蔵堂、薬師堂などが数多くあったが、その多くは壊され、仏像や仏具は焼かれたり、土中に埋められたり、あるいは他領へ売り払われたという。また石仏、名号塔、供養塔なども打ち割られたり、引き倒されたりした。

神土《かんど》村の常楽寺にあった「南無阿弥陀仏」の名号塔は、天保六年（一八三五）に南信・

高遠《たかとお》の石工・守屋伝蔵が文字を刻んで建立したものだった。廃仏毀釈の際、碑の取り壊しのため伝蔵が呼び寄せられたが、伝蔵は塔を打ち砕かずに、節理に従い縦四つに割ったという。割られた石碑は、池や畑の脇石あるいは踏石として名号を伏せて積まれていたが、昭和一〇年（一九三五）に村内で悪疫がはやったとき、「名号塔埋没のたたり」といううわさが流れ、安江浩平という医師の主唱により、消防組の指導者を中心とした平地区在住の一四人が世話人となり、四散した石材を集めて現在地に再建したという。

廃仏毀釈が徹底されたとされる松本藩や苗木藩でも、鐘楼や仏像は破却を免れ、石塔も粉砕されずに割られていたため再建されることとなった。

日吉社や薩摩藩における苛烈な廃仏毀釈は疑いえないものだが、仏像・仏具を守り伝えた人々がいたことは確かだし、誇張や脚色、矛盾を抱えた伝承もあり、事実の解明は困難をともなうものなのである。

第二章

古都の惨状

——奈良・京都・鎌倉

1　奈良――南都仏教の凋落

古社寺は近代化されている

古くからの歴史と由緒に誘われ、多くの人々が奈良や京都や鎌倉を訪れる。そして、神社に参拝し、寺院で仏像を愛でる。神社に仏像はなく、寺院には神様が祀られていないと当然のように思っているが、約一五〇年という時間を遡っただけで神仏が共存していた時代があったことがあらわになる。優れた宗教遺産が観光資源になっている古都で、神仏分離がどのように果たされ、廃仏毀釈がどこまで達せられたのかをみていくことで、古代や中世の名残を残すとされる光景が近代化されたものであることを明らかにしていきたい。

興福寺五重塔をめぐる「伝承」

古代にはヤマト王権の都となり、奈良時代には平城京を中心に教理的な仏教が栄えた大和国は、中世には源平の戦いのなかで焼き討ちに遭い、戦国時代もたびたび合戦の舞台となった。戦乱で焼失したり、荒廃したりした神社仏閣は、武将や豪族の寄進を受けて一時的に復興したものの、大寺院の多くは江戸時代に入ると勢力が衰えた。こうした寺院でも神仏が強く結びついていたため、神仏分離令の影響は免れることはなく、それどころか、古代以来の歴史を持つ神社を守るためということもあり、寺院は苦境に立たされたのだった。

天平彫刻の至宝・阿修羅《あしゅら》像を伝える法相宗《ほうそう》の大本山興福寺（奈良市登大路町）は、和銅三年（七一〇）の平城京左京（朱雀大路で二分される京域の東の方）への移転以来、藤原氏の氏神だった春日社と密接な関係にあり、神仏分離でも大きな影響を被った。

有力塔頭で門跡が入る一乗院、大乗院などは速やかに復飾し、春日社の社司となった。さらに明治三年（一八七〇）の太政官布告で、境内地以外すべて上知《じょうち》（土地没収）されることになると、所領を失う事態となった。そのうえ宗名・寺号を名乗ることもできなくなってしまう。

堂宇・庫蔵・築地塀などの解体撤去、諸坊の退転が相次ぎ、五重塔が売却されるという噂が広まった。興福寺では、「これはあくまでも伝承の域を出ない」と説明しているが、その伝承とは次のようなものである。

図11 「興福寺　破損仏体」（撮影：小川一真） 所蔵：東京国立博物館／Image: TNM Image Archives

興福寺は一時は廃寺同然となり、五重塔や三重塔が売りに出された。五重塔は二五〇円（値段には諸説ある）で買い手がつき、買主は塔じたいは燃やして金目の金具類だけを取り出そうとしたが、延焼を心配する近隣住民の反対で火をつけることは取り止めになった。五重塔が焼かれなかった理由はそれだけでなく、塔を残しておいたほうが観光客の誘致に有利だという意見もあったという（磯貝誠「廃仏毀釈と興福寺」『興福寺――美術史研究のあゆみ』）。

北康利『匠の国 日本』によると、奈良県令四条隆平の命令で、興福寺の五重塔は塔の頂上に綱をかけられ、万力で引き倒されることとなった。しかし堅牢だったことが幸いし、どうにか持ちこたえた。そこで次には焼き払うこととなり、塔の周囲に山のように柴が積まれ、火をつけるばかりとなったが、周囲の住民の反対で中止となった。しかし、住民たちは五重塔を惜しんで反対したのではなく、類焼する危険性があったため反対したにすぎなかった。その後、四条県令は異動となり、興福寺の五重塔はかろうじてその姿をいまに残すことができた。この四条隆平は明治四年（一八七一）から六年にかけての奈良県令で、戊辰戦争では北陸道鎮撫《ちんぶ》副総督を務めた人物である。この四条家は日本料理の名高い流派「四条流包丁式」に家名を伝える名家で、隆平の父隆謌《たかうた》は文久三年（一八六三）に起こった「八月十八日の政変」で、京都から追放された七卿《しちきょう》落《お》ちのひとりだった。

興福寺は明治八年から同一五年まで、西大寺の住職佐伯泓澄《おうちょう》が管理した。この間に興福寺の再興が嘆願され、明治一四年に寺号の復号許可が下り、翌年に至ってようやく、管理権が興福寺に返還された。その後、興福寺の境内は、築地塀が取り払われて奈良公園の一部となり、一乗院跡は奈良地方裁判所に、大乗院跡は奈良ホテルになっている。

†東大寺鎮守八幡の分離

興福寺と並ぶ南都の大寺である東大寺（奈良市雑司町）も、神仏分離令により知行地三二〇〇石が失われ、正倉院も国が管理するところとなった。廃仏毀釈の荒波は興福寺ほどには受けなかったが、神仏が判然と分離された。

東大寺の寺域の東方に手向山八幡宮《たむけやま》が鎮座する（序章参照）。この手向山は、「小倉百人一首」で菅家《かんけ》、菅原道真の一首として入れられている「このたびは幣《ぬさ》もとりあへず手向山紅葉の錦神のまにまに」の手向山で、現在も紅葉の名所として知られるところだ。天平勝宝元年（七四九）、東大寺の守護神として宇佐八幡宮から勧請され、当初は平城宮南の梨《なし》原《はら》宮に創建されたが、その後現在地に移されたという。かつては「鎮守八幡宮」と呼ばれていたが、明治の神仏分離で東大寺から独立し、手向山八幡宮と名乗るようになった。

鎮守八幡宮は、治承四年（一一八〇）の平重衡《しげひら》による南都焼討によって焼失したが、東大寺大勧進重源《ちょうげん》によって文治四年（一一八八）に再建され、九年後の建久八年（一一九七）には新造の社殿への遷宮がおこなわれている。このときに重源が中心になって造像され、御神体として祀られたのが快慶作の「僧形八幡神坐像」（国宝）である。肖像彫刻かと思われるほどの写実性と迫真性をもった鎌倉彫刻の傑作で、袈裟《けさ》や肌に鮮やかな彩色を残したこの神像は、現在東大寺の勧進所八幡殿に安置されていて、毎年一〇月五日にかぎり開扉《かいひ》される。神仏分離で八幡宮は東大寺を離れたが、偶像である神体は破却を免れ、寺院内の社殿に祀られることになったのである。

†聖林寺十一面観音伝説

奈良県桜井市の街はずれ、子安延命《こやすえんめい》地蔵菩薩像を本尊とする聖林寺《しょうりんじ》は、小高い丘の上に建つ小さな寺院である。この寺の本堂から階段を登ったところにある収蔵庫には、天平彫刻の白眉といわれる十一面観音立像（国宝）が安置されている。豊満で厳しい顔立ち、均整がとれ量感に満ちたからだ、身にまとう衣も美しく、指先までが繊細に表現されている。この観音像は、奈良時代には「大神寺《おおみわ》」、神仏分離までは「大御輪寺《だいごりん》」と呼ばれていた三輪明神の神宮寺の本尊として祀られていたのである。

近代以降、奈良大和路を訪れた文筆家はこぞって、この観音像の美しさを称賛しているが、それとともに、なぜこの像が三輪山から離れたこの小さな寺院にあるかという経緯についても伝聞とともに記している。

哲学者・倫理学者の和辻哲郎は『古寺巡礼』（一九一九年初版、一九四七年改稿版）において、観音像の流転について次のように述べている。

――さてこのような偉大な作品が、昔はどういう取扱をうけていたか。作者の名が忘却された位は何でもない。実をいうと、五十年ほど前に、この像は路傍にころがしてあったのである。

尤《もっと》もこれは人から伝え聞いた話で、歴史的にどれほど確《たしか》であるかは保証の限りではないが、とにかくその人の説によると、この像はもと三輪山《みわやま》の神宮寺《じんぐうじ》の本尊であった。そうして神仏分離の際に、明治維新を誘導した古神道の権威によって、残酷にも路傍に放棄せられるような悲運に逢った。もとよりこの放逐せられた偶像を、自分の手に引取ろうとする篤志家などは、この界隈にはなかった。そこで幾日も幾日も、我《わが》気高い観音は、埃《ほこり》にまみれて雑草のなかに横たわっていた。或日《あるひ》偶然に、聖林寺という小さい真宗寺の住職がそこを通りかかって、これは勿体《もったい》ない、誰も拾い手がないのなら拙僧がお守を致そう、といって自分の寺へ運んで行った。――（和辻哲郎『初版　古寺巡礼』）

また、列島各地の古仏像について独自の視点から語った随筆家の白洲《しらす》正子《まさこ》も、『十一面観音巡礼』（一九七五年）のなかで当時の住職の談話として同様の話を記している。

……住職は当時のことをよく覚えていられた。発見したのはフェノロサで、天平時代の名作が、神宮寺の縁の下に捨ててあったのを見て、先代の住職と相談の上、聖林寺へ移すことにきめたという。その時住職は未だ小僧さんで（たしか十二歳と聞いた）、荷車の後押しをし、聖林寺の坂道を登るのに骨が折れたといわれた。（白洲正子『十一面観音巡礼』）

またほかに三輪の古老の話として、廃仏毀釈の際に大御輪寺の宝物や仏具類が、境内の池畔や初瀬川の川堤で焼き払われ、それが何日も続いた。また、川向こうの極楽寺の小堂に仏像が無雑作にかつぎこまれたという言い伝えもある。しかし、こうした証言は、現在では廃仏毀釈の惨状を伝えるために、脚色されたものだと考えられている。

聖林寺の当時の住職は、再興七世の大心《だいしん》という高僧だった。大心は東大寺戒壇院《かいだんいん》の長老で、また三輪流神道の正統な流れを汲み、三輪明神の本地として十一面観音を拝むことができる立場にあった。また大神神社から聖林寺に観音像を預ける旨を記した証文も残されていることから、大御輪寺の十一面観音は、神仏分離、廃仏毀釈の混乱を回避するのに、最もふさわしい場所に遷座されたと考えられるのだ。

十一面観音の大御輪寺における安置状況は次のようだったといわれる。

図12　聖林寺　十一面観音立像（奈良時代）　提供：聖林寺

現在、大神神社の表参道に立つ二の鳥居から向かって左に折れると、南面して摂社《せっしゃ》・大直禰子《おおたたねこ》神社が鎮座する。社殿にはかつて若宮神像が祀られていたことから、鳥居に若宮社の扁額が掲げられ、「若宮さん」と呼ばれる。大直禰子命、少彦名命、活玉依姫命を祀るこの神社の本殿（鎌倉時代・重要文化財）が、明治四年（一八七一）まで大御輪寺の本堂だった。「大御輪寺縁起」によると、堂内には十一面観音と前立の観音像があり、四天王のほか、左右に多くの仏像が並び、背面には薬師如来一万体が描かれた板絵があったという。観音像は頭上の化仏《けぶつ》のうち三体を失っているが、かつては瓔珞《ようらく》に飾られ、華やかな天蓋の下に立っていた。光背《こうはい》（奈良国立博物館寄託）は大破しているものの、宝《ほう》相華文《そうげもん》（唐草に架空の五弁花の植物を組み合わせた文様）をちりばめたものだったと想像されている。

岡倉天心とともに近畿地方の古社寺宝物調査をおこなったアメリカの哲学者アーネスト・フェノロサは明治二〇年に、聖林寺遷座後、秘仏になっていた十一面観音を目の当たりにし、文化財としての保護を提唱した。そして明治三〇年、旧国宝制度成立とともに国宝に指定され、昭和二六年（一九五一）六月の新制度移管後にも、第一回の国宝二四件のひとつに選ばれている。

神仏分離によって、大御輪寺は鎌倉時代に創建された平等寺、尼寺だった浄願寺とともに廃寺となった。大御輪寺本尊の十一面観音像は聖林寺へ、左脇侍だった地蔵菩薩像は法隆寺に移される。現在、法隆寺の大宝蔵院に収蔵される国宝・地蔵菩薩立像は、重量感に富む一木造《いちぼくづくり》の像で地蔵菩薩とされているが、かつての安置状況や威厳に富む表情などから、平安時代初期に作られた神像だという説もある。安置される場所は移ったものの、三輪信仰の対象だった本地仏は、決して壊されるようなことはなかったのだ。

†妙楽寺から談山神社へ

奈良県桜井市南部、多武峰《とうのみね》に社域を構える談山《たんざん》神社は、国宝の十三重塔や秋の紅葉の名所として多くの参拝客、観光客が訪れる。この神社は神仏分離以前、藤原氏の氏祖・藤原鎌足《かまたり》を祀ってきた妙楽寺という寺院だった。

神仏分離令の際、境内にある本寺・末寺は寺院派と神社派に割れたが、僧籍を離れて神職になることを決め、妙楽寺から談山神社と改号した。この社号は、中大兄皇子《なかのおおえのおうじ》（後の天智天皇）と中臣鎌足が、蘇我氏を倒す談合を多武峰でおこない、後世にこの場所を「談《かた》らい山」、あるいは「談所ヶ森」と呼んだことによるとされる。主要仏堂は社殿などとして存続したが、多くの坊舎は廃絶、仏像・仏具・経典の多くも棄却された。妙楽寺は、幕末で、子院三三坊と承仕《じょうじ》（堂舎・仏像管理・雑役を担う）坊六坊があり、寺領は六〇〇〇石の大寺院だった。しかし、神仏分離で寺院を神社に改めるため、聖霊院は本殿、護国院は拝殿、十三重塔は神廟、講堂は神廟拝所、常行三昧堂《じょうぎょうざんまいどう》は権殿《ごんでん》、護摩堂は祓殿《はらいでん》に改変されるなど、仏教寺院であった建物の破却はせずに、名称を改め、機能を変えて神社建築に横滑りさせたのである。

現在、談山神社のシンボルとして参拝者のだれもが仰ぎ見る十三重塔も、もともと父藤原鎌足の追善供養のため、長男の定慧と次男不比等が建立した仏教建築だった。現存する塔は、享禄五年（一五三二）の再建だが、檜皮葺《ひわだぶき》の一三層の屋根の先がゆるやかな曲線を描く姿が美しい。木造十三重塔としては世界唯一のこの建物は、鎌足が祭神とされることで神廟と呼ばれる神社建築になったのである。

神仏分離により、妙楽寺の諸堂に安置されていた仏像・仏画・仏具は売り払われていき、講堂本尊の釈迦涅槃像《しやかねはん》は二五銭、仏画二五幅が一括して二五銭だったという。また、安倍文殊院（桜井市）の本堂に安置されている釈迦三尊像は、妙楽寺の本尊だった阿弥陀三尊像で、文殊院に移された際に釈迦三尊像とされたものである。

談山神社に現存する宝物では、和銅八年（七一五）の銘がある三重塔伏鉢《ふくばち》が国宝、絹本着色大威徳明王《だいいとくみようおう》像や刀剣類六振、石灯籠などが国の重要文化財に指定されている。また秘仏の如意輪観音《によいりんかんのん》坐像（鎌倉時代）は談山神社にのこる唯一の仏像で、毎年六月から七月の観音講まつりで公開される。

図13　内山永久寺跡地

幻の大寺・内山永久寺

奈良県天理市、天理教本部があることでこの地名がついた宗教都市は、石上《いそのかみ》神宮の神域としての長い歴史をもつ。石上神宮の神宮寺でもあった内山《うちやま》永久寺《えいきゅうじ》は、廃仏毀釈が直撃することとなった。

いま石上神宮には、国宝の拝殿、本殿、楼門が神域に静かにたたずんでいる。また摂社の出雲《いずも》建雄《たけお》神社の割拝殿《わりはいでん》が端正な姿をみせる。神域から林の中の道を進み、国道二五号線の高架下をくぐって行くと、池のほとりに句碑が立つ。「うち山や　とざましらずの　花ざかり」。詠み人は宗房、松尾芭蕉が伊賀上野に住んでいたころの俳号で、二十三、四歳ごろの句ではないかといわれる。このあたりの道は、奈良から石上、布留《ふる》を経て、三輪へと通じる古代の官道「山の辺の道」であり、現在は東海自然歩道になっている。芭蕉の句碑の向こうには大きな池があり、池に浮かぶ中島には

「内山永久寺記念碑」が建つ。この池を見下ろす農地の一帯が、かつては東大寺、興福寺、法隆寺に次ぐ大寺と位置づけられ、壮大な規模と壮麗な伽藍を誇った内山永久寺の境内だったところである。

廃仏毀釈後、伽藍や坊舎の跡地はほとんどが開墾され、階段状の田畑となり、高低のある畦《あぜ》には石垣が残る。『永久寺置文』によると、保延二年(一一三六)に真言堂、同三年に八角多宝塔が建立され、そのほかに吉祥堂、観音堂、常存院、御影堂、経蔵、鐘楼、温室(浴室)、四所明神社、玉賀喜社など多数の堂宇が存在したとされる。近世の『大和名所図会』には境内図が載せられており、池を中心とした浄土式回遊庭園の周囲に、本堂、観音堂、八角多宝塔、大日堂、方丈、鎮守社などのほか、多くの院家、子院が建ち並んでいる。

†貴重な寺宝の流失

内山永久寺は廃仏毀釈により、堂宇や寺宝はことごとく徹底した破壊と略奪の対象となった。そして寺領の返還、没収、境内の土地や伽藍の売却などによって、堂坊が礎石から瓦一枚に至るまで取り除かれた。経営基盤を奪われて廃寺となり、僧侶は還俗し、石上神宮の神官となった。

東京美術学校の第五代校長を務めた正木直彦の『十三松堂閑話録』（一九三七年）には、永久寺における廃仏のようすが記され、要約すると次のような状況だったとされる。

永久寺廃寺の検分に役人が出向くと、寺僧は還俗した証拠として、役人の眼前で本尊の文殊菩薩を、薪割りの斧で頭から割ってしまった。さすがに廃仏を命じた役人も、この所業の無残さを憎み、僧侶を放逐した。その後は村人が寺に闖入《ちんにゅう》し、衣類調度から米・塩・醤油まで奪い去った。しかし、仏像・仏具はだれも持っていかず、役人は庄屋の中山平八郎に命じ、中山の困惑にもかかわらず預賃料年一五円で預からせた。年月が過ぎるとともに、これらの仏像・仏具は中山個人の所有になっていった。現在（当時）、藤田家（大阪財界の重鎮、藤田伝三郎が創始した藤田財閥）で所有する藤原時代の仏像・仏画の多くは中山の蔵から運んだものである……。

また、堺県令の税所篤《さいしょあつし》が、永久寺の「両界曼荼羅《りょうかいまんだら》（密教両部大経感得図）、真言八祖像、小野小町像、弘法大師の絵、仏像等」を入手したことを記録する文書が残っていることから、一部はこの税所を通じて、藤田男爵家に渡ったという推測もある（由水常雄『廃仏毀釈の行方』）。

永久寺は明治七年（一八七四）から八年頃には、三社及び拝殿、生産神社、玉垣弁財天社を除いて廃墟と化し、農地になったという。ただし、神仏分離直前の時点に、どれほど多くの堂塔があり、寺院がどの程度隆盛していたかは明らかでなく、正木が見てきたように叙述している、寺僧が役人の眼前で本尊の文殊菩薩を割ったであるとか、村人が寺に闖入し、衣類調度から米・塩・醤油まで奪い去ったという事態もそのすべてを信用できるとはかぎらない。

永久寺の数少ない遺構である石上神宮摂社出雲建雄神社の割拝殿は、文永年間、一二六四年頃に建立された「鎮守四所明神」の拝殿だった。鎌倉時代の初期に建造されたこの建物は、割拝殿という形式を持つ現存最古の例とされ、廃仏毀釈の難を逃れて、大正三年（一九一四）、現在地に移築されたものである。

2　京都——千年の都における習合の分離

†石清水八幡宮の大転換

「千年の都」と称される京都の神社も、そのほとんどが神仏習合の状態で幕末に至った。いま京都を訪れる人びとは、おそらく神社と寺院を明確に意識し、参拝していないだろうが、近世までは神社に神仏が混じった状態であったり、神社に隣接して神宮寺があったりという宗教空間が少なくなかった。そうした風景、状態が神仏分離で失われ、数多くの寺院が廃されたのである。

神仏習合から神仏分離への変化の、典型例のひとつに各地の八幡宮がある。神仏分離令によって全国の八幡宮は神社へと改組され、神宮寺は廃されて、本地仏や僧形八幡神像は撤去された。また仏教的神号である八幡大菩薩も明治政府によって禁止される。

平安時代以来、都と御所の西南を護ってきた「石清水八幡宮護国寺《いわしみずはちまんぐうごこくじ》」は、神仏分離により、神号が「八幡大菩薩」から「八幡大神」に改められる。これにともない明治二年（一八六九）八月に社号を「男山八幡宮」と改称、大正七年（一九一八）一月に「石清水八幡宮」（京都府八幡市）となり現在に至っている。

この八幡宮でも幕末まで本社には八幡大神三所（東に神功皇后《じんぐう》、中に応神天皇、西に比咩御神）が祀られ、内陣には阿弥陀仏金剛像一体、七社宝殿、愛染明王曼荼羅一幅、香炉、花瓶、行教影像一幅が安置されていた。社僧は豊蔵坊《ほうぞうぼう》、滝本坊《たきもとぼう》をはじめ二三坊あり、諸坊には諸大名から祈禱料が納められていたため、経済的不自由はなかった。しかし神職たちに対する社領の分配は少なく、貧窮していた。廃仏毀釈を実行したのはこうした神職が中心で、なかでも森本信徳（六位）、谷村光訓（神宝所）によって断行されたという。

草庵茶室兼持仏堂だった松花堂《しょうかどう》と泉坊の客殿は、神仏分離後もしばらくは男山に残っていた。しかし、明治七年（一八七四）頃、京都府知事より「山内の坊舎は早々に撤却せよ」との厳命が下ったため、当時の住職が山麓に住む大谷治麿（孝明天皇の侍従、中山忠光の弟か）に売却し、破却されず難を免れたのだった。

†北野天神の仏教色排除

北野天満宮（上京区馬喰町）は、福岡の太宰府天満宮と並ぶ天神信仰の中心地で、〝学問の神様〟として、菅原道真を神に祀っていることで周知され、合格祈願に参拝する人が多い。しかし、この天満宮でも中世以来、仏教的色彩が混じり、維新までは天神信仰と十一面観音信仰、舎利信仰が結びついていた。

慶応四年（一八六八）、曼殊院門跡が別当職を解かれ、天満宮に奉仕してきた祠官《しかん》三家、目代《もくだい》、宮仕《みやじ》はすべて一時に復飾、祠官三家は正神主、社人は禰宜《ねぎ》、宮仕は祝となった。天満宮の諸坊には多くの仏像・仏画があったが、売却されてしまう。仏教に関係のあるものは先祖の位牌まで寺外に持ち出されたという。仏像・仏画・堂塔は撤去され、本社内陣の御正体《みしょうたい》だった十一面観音懸仏は現在、因幡《いなば》薬師平等寺（下京区因幡堂町）に遷された。

本殿の背面庇には、中央に仏舎利を納めた舎利塔が祀られており、近世までは正面を参拝後、背面に回り、天神と一体だとして参拝されていた。舎利と舎利塔は稲波啓太郎が商人を介し、関係文書とともに常照皇寺《じょうしょうこうじ》（右京区京北井戸町）の前住持・魯山のもとに移管され、仏舎利塔があった場所には、現在、天穂《あまほ》日《ひ》命などを祀っている。鐘楼は売却されて大雲院（東山区祇園町）に移築され現存する。なお祇園社の鐘（島津忠広寄進）も大雲院に買い取られ、北野社の鐘楼に祇園社の鐘が懸けられている。

なお菅原道真自作の十一面観音を本尊とし、天満宮の神宮寺とし創建された朝日寺の後進である東向観音寺は、現在も天満宮参道の二の鳥居近くに境内を構え、本地仏である十一面観音を安置している。

†上賀茂・下鴨神社の神宮寺廃絶

平安時代以来、国家的な行事としておこなわれてきた「葵祭《あおいまつり》（賀茂祭）」をつかさどる賀茂別雷《かもわけいかづち》神社（上賀茂神社。北区上賀茂本山）と賀茂御祖《かもみおや》神社（下鴨神社。左京区下鴨泉川町）は京都を代表する神社で、現在では仏教的な要素をみることができないが、この両社にも神宮寺があり堂塔を構えていた。

上賀茂神社の神宮寺は、神亀年中（七二四〜七二九年）に、神主が神の示現を受けて天皇家に奏聞して塔と観音堂が建立された。あるいは弘仁三年（八一二）に嵯峨天皇の勅願により建立されたと伝えられる。ただし、史料の上で神宮寺の活動が明確になるのは一一世紀以降で、嵯峨天皇が創建した聖神寺や、神社の別所だった上賀茂御堂西念寺、賀茂六郷のひとつ岡本郷にあった岡本堂という道場などが、上賀茂社の神仏習合時代の関連施設だったとみられる。廃仏毀釈により上賀茂神宮寺の堂塔は破却されたが、西念寺にあったと推定される二体の阿弥陀如来像が西向寺（北区紫野東蓮台野町）の本堂に安置されている。

下賀茂社の神宮寺も神仏分離令によって廃絶された。中世の下鴨社神宮寺は、桁行八間の本堂、西に中門、西南に多宝塔、北東に庫裏《くり》、東に末社から構成されていた。神宮寺の本尊は十一面観音だったが、神仏分離で失われたと推測されるものの、本尊の処置が焼却、廃棄、遷座のいずれかは資料がなく全く不明だという。

ここまで見てきたように京都を代表する古社でも、維新までの神仏習合状態が解消され、現代人のだれが見ても、明らかな神社だという姿に変化させられたのである。

3 宮中の「神道化」

†皇室から仏教色を取り除く

京都の一部として、明治維新で東京に移ることになった宮中・御所の変化についてもここでみておきたい。新政府により統治者とされた天皇・皇族も、神道国教化策を実行、実践するため、それまでの仏教崇拝を手離さざるをえなくなったからである。

天皇をはじめとする皇族の霊は、平安時代以来、宮中の御黒戸《おくろど》に祀られていた。御黒戸は、民間の仏壇にあたり、位牌がおかれ、仏式で祀られていたのである。天皇や皇族の死に際しては、天皇家の菩提寺にあたる泉涌寺で、僧侶を中心に仏式の葬儀がおこなわれてきたが、明治元年(一八六八)一二月二五日の孝明天皇三年祭から、皇霊の祭儀が神式に改められた。この日、内裏の正殿である紫宸殿に神座を設けて、祓除・招神などの神道の儀式をおこない、天皇をはじめ諸官員が拝礼した。そのあと、孝明天皇陵を訪ねて、やはり神式の拝礼がおこなわれたという。

また熱心な仏教信仰を続けていた山階宮晃《やましなのみやあきら》親王は、明治三一年、その死に際して仏式の葬儀をするように遺言し、仏葬式の可否は枢密院に諮《はか》られたが、皇族の仏葬を許すことは「典礼の紊乱《びんらん》」、神道儀礼に混乱を招く恐れがあるという理由から仏葬式は認められなかった。

幕末の宮中では仏教や陰陽道などが複雑に入り交じった祭儀がおこなわれていたが、年中行事も激変した。年始の金光明会《こんこうみようえ》、後七日御修法、正月八日の大元帥法《だいげんのほう》、一八日の観音《かんのん》供《く》、二月と八月の季御読経《きのみどきよう》、三月と七月の仁王会《におうえ》、四月八日の灌仏会《かんぶつえ》、五月の最勝講《さいしようこう》、七月の盂蘭盆供《うらぼんく》、一二月の仏名会《ぶつみようえ》など、皇室の仏事は明治四年をもってすべて廃止される。

その一方で、以前は神嘗祭《かんなめさい》、新嘗祭《にいなめさい》、歳旦祭、祈年祭、賢所御神楽《かしこどころみかぐら》のほか四方拝、節折、大祓が定められていたが、それに加え天長節、紀元節、春秋の皇霊祭など新たな祭祀が生まれた。やがて宮中三殿が成立すると、神道に純化した皇室祭祀が整備され、確立されていったのである。

†泉涌寺の扱い

神仏分離後には、宮中にあった御黒戸は撤去され、恭明宮《きょうめいぐう》（現在、京都国立博物館が建つところにあった）に遷座し、さらには泉涌寺舎利殿に遷されて安置されることとなった。その後、御黒戸を移築した泉涌寺の海会堂《かいえ》に、歴代天皇、皇后、皇族方の御念持仏三十数体が祀られることとなる。

泉涌寺について孝明天皇は、「四条帝以来御代々御陵守護の官寺、皇祖御尊敬の訳をもって諸寺の上席となすべし」という意志を示し、天皇家が崇拝してきた寺院としての処遇を求めたが、神仏分離の影響を免れることはできなかった。泉涌寺の財政は、新政府に五〇〇〇両の借用を申し入れたほど、維新の混乱で逼迫した。明治天皇は即位の大礼を前に、泉涌寺内にある孝明天皇の御陵に参拝したが、歴代の御尊牌に参詣することはなかった。

いっぽうで明治天皇は、史上はじめて伊勢神宮に参拝し、孝明天皇三年忌（三年祭）も、第一二〇代仁孝《にんこう》天皇（在位一八一七〜四六）の二五回御忌も神式で斎行されている。

泉涌寺山内の御陵は寺門から切り離され、宮内省所管となったが、泉涌寺にたいする皇室の支援が途絶えたわけではなかった。孝明天皇御三回忌には大宮御所から銀一〇〇〇枚の下賜があり、翌年からは年間一〇〇石の禄高が増やされ、菊の御紋章の使用も例外的に許された。ようやく再興の見通しがたってきた明治一五年（一八八二）に泉涌寺は火災に見舞われたが、再建の資金を提供するなど、戦後の新憲法公布まで、修理費用はすべて宮内省が支出した。翌一六年には明治天皇から、鎌倉時代に泉涌寺を開山した俊芿《しゆんじよう》に「月輪大師」の号が贈られ、明治天皇の行幸は元年以来、一一回におよんだ。明治天皇は神仏分離を経ても、仏教の外的な保護者としてふるまったのである。

4 鎌倉——八幡宮の膝元で

†鶴岡八幡宮寺の仏教色排除

古都鎌倉を訪れる人びとは、円覚寺や建長寺など、鎌倉時代にこの地で栄えた禅宗寺院をめぐり、鎌倉文化を感じることだろう。しかし、鎌倉の中心にある鶴岡八幡宮に参拝したとき、ここが「宮寺」という形式の神仏が習合した宗教施設だったことは意識することなどないに違いない。また、鎌倉と合わせて足を運ぶ人も多い江の島にある江島《えのしま》神社も、島に渡ると鳥居をくぐることから、神社であることに疑問を抱かないだろうが、この島もかつては仏教寺院が治めていたのである。現在は神社であることが当然であるかのように参拝されている二社における維新を見ていきたい。

源頼朝が鎌倉の要として造立した鶴岡八幡宮寺には、神仏分離以前、以下のような仏教の堂塔があった。中の島に弁財天、源平池を過ぎてすぐ中央に二天門、門を入って左手に護摩堂、その奥に経蔵があり、右に大塔（頼朝の創建当時は五重塔）、鐘楼、薬師堂、上宮楼門左手には愛染堂、右手に六角堂があった。貞享二年（一六八五）、水戸光圀によって編纂された『新編鎌倉志』の鶴岡八幡宮図にも、「仁王門」、「薬師堂」、「愛染堂」、「輪蔵」、「六角堂」など、頼朝創建以来の仏教関連の堂塔が建ち並び、最盛期に二〇を超えたという子院もみられる。

図14　鶴岡八幡宮寺大塔（撮影：フェリーチェ・ベアト）　所蔵：あつぎ郷土博物館

明治三年（一八七〇）五月、鶴岡八幡宮の総神主に任じられていた筥崎博尹《はこざきひろただ》は、大塔をはじめ、仏堂、仏像、仏具などはことごとく取り除くという計画を県庁に届け出ている。神奈川県庁に提出された筥崎の「御届書」には、「鎌倉八幡宮御社のうち在来の薬師堂、護摩堂、大塔、経蔵、鐘堂、仁王門、右混淆の仏堂を取り除き」と記される。そしてこの届出書に従い、鶴岡八幡宮寺では大塔をはじめ、仏教色をもつ堂宇・仏像・仏具・什宝・経典類は、わずか一〇日あまりで悉く破壊されることになる。

筥崎は維新まで、鶴岡八幡宮寺の二五坊のひとつ正覚院に属する僧侶だったが、神仏分離令布告後に還俗し、総神主の座についていた。ある意味で、変わり身が早いというしかないが、八幡宮寺における神仏分離と廃仏は、ほんの数年前まで仏に仕えていたものたちによって断行されたのである。

†様変わりした霊場江の島

江の島は、石尊《せきそん》大権現として信仰を集めた相州大山《そうしゅうおおやま》と並んで、大都市江戸の近郊霊場として栄えてきた。江の島に渡ると、社域に向かって参道が延びる江島神社も、明治六年(一八七三)までは「金亀山与願寺《きんきざんよがんじ》」という寺院で、三重塔や八臂《はっぴ》弁財天を安置する楼門などの仏教施設があった。

江戸幕府からの尊崇も篤く、民衆のあいだでも江戸に近い江ノ島弁天詣が隆盛した。与願寺には岩本坊《いわもとぼう》・上《かみ》ノ坊《ぼう》・下《しも》ノ坊《ぼう》の三つの別当があり、それぞれが岩屋《いわや》本宮《ほんぐう》(現在の奥津《おくつ》宮《みや》)・上之宮(現在の中津《なかつ》宮《みや》)・下之宮(現在の辺津《へつ》宮《みや》)を管理。このうち岩本坊が総別当とされ、江島寺とも称した。三坊は競って江ノ島の縁起を説いて回り、参詣者を集めた。その後、京都・仁和寺の末寺となると、岩本坊のみが院号の使用が認められ「岩本院」を称するようになり、全島の権益を握ることとなった。

しかし、神仏分離により、与願寺としての仏堂は破却され、本尊の弁財天から主祭神を宗像《むなかた》三女神に変更して現在の江島神社になった。岩本院は、僧侶が僧籍を離れて神職となったことから宿泊施設となり、現在も江の島を代表する老舗旅館「岩本楼」として営業している。また与願寺にあった裸形弁財天像は、現在、泰安殿《ほうあんでん》（弁天堂）に祀られている。

鶴岡八幡宮は典型的な神仏習合の寺院であり、江島神社もかつては弁財天を祀る寺院だった。鶴岡八幡宮寺で筥崎博尹が還俗し、総神主を名乗りはじめたような事態にたいし、八幡宮寺の門前に建つ宝戒寺《ほうかいじ》の僧・澄海《ちょうかい》が痛烈に批判している。「昨日三鈷《さんこ》を握った手で、今日幣帛《へいはく》を執《と》っているではないか」、「数百年来の神事はみな仏教関係のものによっておこなわれたものである」。還俗し神職になったものたちの行動は、「先祖を侮辱し、恩義を忘却」したものであり、「実に宗門の大罪人である」というのだ。

古都鎌倉の宗教的・文化的景観は近代になって形成されたものであり、その転換期には澄海の嘆きや怒りがあったことを覚えておいてほしい。しかも澄海のような悲嘆と批判は列島の各地で、沸き起こっていたはずなのである。

維新における神仏分離と廃仏毀釈は、仏教が忍従とともに苦境を乗り越えたこともあり、近代社会のなかで根底的に問い直されることはほとんどなかった。その状況は太平洋戦争後も変わることなく、分離の状態を自明のように思わせてしまっているのだ。

第三章

聖地の変貌

——伊勢・諏訪・住吉・四国

1　伊勢——「神都」成立の経緯

†古社寺における神仏習合

第一章でも叙述したように、神仏の習合は列島の各地に及び、現在、日本を代表するといわれているような古社でも決して例外ではなかった。ある意味では歴史がある神社ほど、創建以来のどこかで、仏教の影響を被らざるを得なかったということもできる。また、ある地域で勢力が優勢な神社は、後から入ってきた仏教信仰と折り合いをつける必要があったとみられる。現代の日本人には神社の代表だと思われている伊勢神宮にも、仏を祀る神宮寺があり、中部日本で独自の歴史を歩んできたかのようにみえる諏訪大社でも、神仏習合は濃密だった。ほかにも大阪の住吉大社も同様に神宮寺を構えていた。

いっぽうで、仏教信仰にもとづく霊場として認知されている四国八十八ヶ所では、神社と共存する寺院が少なくなかった。「聖地」や「霊場」とイメージされる社寺で、神仏分離、廃仏毀釈はどのように展開されていったのだろうか。

†伊勢における府知事の横暴

神社参拝にたいするブームともいえる現象で、真っ先に取り上げられるのが三重県伊勢市の伊勢神宮である。皇祖神・天照大神《あまてらすおおかみ》を祀るという神話由来の歴史、近世末期には「お蔭参《かげまい》り」と呼ばれる伊勢詣《いせもうで》が流行するなど、日本人にとって地域の氏神社以外では最も広く親しまれている神社といってもいいすぎではない。

伊勢神宮にも古代に造立された神宮寺があり、また神宮の周辺にも数多くの寺院が建ち並んでいた。寛文一〇年（一六七〇）に発生した山田大火以前の寛文六年には寺院が三七一寺、江戸末期の安政二年（一八五五）でも一二〇もの寺院があった。皇祖神を祀る伊勢神宮が神道国教化の中核に位置づけられると、鳥居前町として発達した宇治（内宮側）と山田（外宮側）では神仏分離が積極的におこなわれた。

慶応四年（一八六八）、明治政府は伊勢国内の幕府領・旗本領と伊勢神宮領などを管轄するため、度会《わたらい》郡小林村（現在の伊勢市御薗町小林）の山田奉行所に「度会府」を設置する（度会府は明治二年七月一七日〔一八六九年八月二四日〕、「府」は東京・京都・大阪にかぎるとした太政官布告により度会県に改称）。初代の度会府知事に任じられたのは、攘夷派の公卿で戊辰《ぼしん》戦争でも戦った橋本実梁《さねやな》だった。

度会県の「県行政文書」によると、明治元年（一八六八）一〇月以降、宇治・山田各町の組頭や周辺の村の役人から神葬祭への変更願いが出されている。仏葬の減少は寺院経営を直撃し、廃寺願いや僧侶の還俗の願いが相次いだ。

神宮の神領地で、度会府の宮川と五十鈴川の中間に位置する川内地区には六〇あまりの寺院があった。府知事となった橋本はこの地区での仏葬を一切禁止し、神葬にするようにという布令を出した。そこには、堂塔などの建造物や仏具・宝物などは廃寺の官令がくだったときにすべて没収されるので、利害得失を考え一刻も早く廃寺願いを提出するほうが得策だと諭されていた。仏葬を禁じられ、檀家を奪われた寺院は収入を絶たれて、寺を維持することができないことを知ったうえで廃寺を迫ったのである。ほとんどの寺僧は檀徒総代と連名で廃寺願いを差し出し、還俗した寺僧の身分は士族となった。こうして翌年一月までに、宇治と山田合わせて一〇九の寺が廃寺に追い込まれたという。しかし廃仏への取り組みは伊勢周辺でも地域により、また知事の考えかたによって差があったようで、隣接する田丸藩の管内では一つの寺院も廃寺にならなかったという。

†「お蔭参り」を演出した御師も消えた

明治天皇の初めての伊勢神宮行幸が明治二年（一八六九）三月に計画されると、廃仏毀釈は徹底された。

度会府当局は行幸直前の二月に、「神領中沿道にある仏閣仏堂をことごとく取り払い、宇治・山田の町家では仏書・仏具などの商売をしてはならない」と命じた。

明治二年一月までに還俗（復正）願いを出した寺院を対象にした「明治二年巳七月　復正寺院調帳」には、所在地や宗派、還俗後の姓名などのほか、還俗後に希望する職種が書かれている。そこには「百姓」になることを願い出たというもののほか、幼童手跡《ようどうしゅせき》指南（寺子屋）・筆道指南（書道）などの教育関係、目医師・医業などの医療関係、また村会所書記・天満宮社守といった職種が記されている。また「相応御用願」と職種を示していないものも少なくなかった。僧侶が還俗後の職業選びに苦労したのは、地域全体を神宮が支配していた伊勢では、ほかの地域でみられたように寺院から神社への転換ができなかったせいとも考えられる。

度会府では明治二年四月、還俗に応じた僧侶のなかから四三人を府の所属兵として「帰

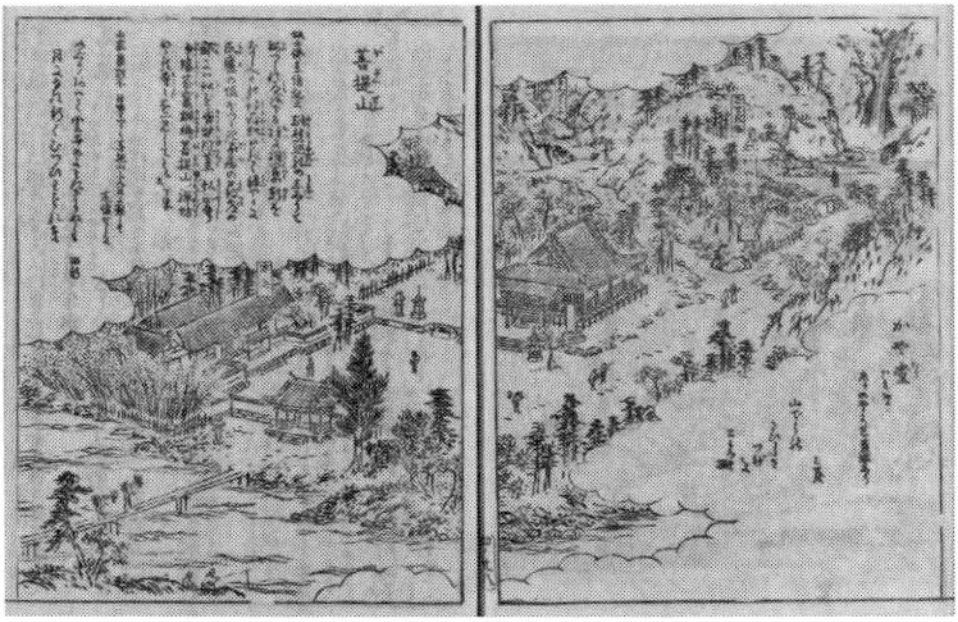

図15　菩提山神宮寺（「伊勢参宮名所図会」より）　出典：国立国会図書館デジタルコレクション

神隊」を組織する。この帰神隊は国の行政組織の変更から、三か月あまりで解散となったが、かつての寺僧たちは、神への一体化を意味するこの隊名をどのように感じたのだろうか。

また明治四年には神宮改革と御師《おし》制度の廃止により内宮側御師（宇治御師）一九〇戸、外宮側御師（山田御師）四八〇戸、伊勢近郊一三〇戸の八〇〇戸が廃止された。御師は神社や寺院に属し、その社寺へ参詣者を案内し、参拝・宿泊などの世話をするものをいい、各地の霊場巡拝で活躍した。御師でもとくに、伊勢神宮のものは「おんし」と呼ばれた。伊勢御師は、江戸時代に数十年規模で数百万人にわたって参詣者が伊勢に詣でた「お蔭参り」隆盛の立役者だった。しかし近世伊勢参宮を演出した御師たちも、その多くが廃業の憂き目をみたのである。

伊勢大神宮寺の後進である菩提山神宮寺は、近世まで堂塔を構えていたが神仏分離令に

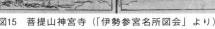

より廃寺となった。伊勢神宮の周辺でも安政二年（一八五五）には一二〇あった寺院が、昭和初年には二四か寺まで激減したとされる。

伊勢におけるこうした極端な廃仏は、神話にもとづく神道国教化政策のたまものであり、この政策の可視化ともいうべき、明治二年に挙行された明治天皇の初めての伊勢神宮行幸が契機となったことは疑いえない。天皇自身が望む、望まないにかかわらず、天皇の目にふれないように、皇祖神のお膝元から仏の影は強引に払拭されたのである。

2　諏訪——御本地・御神体の現在

†諏訪神宮寺破却の顚末

古代から大和や出雲とは異なる文化圏を築いてきた信州諏訪の地方神、諏訪明神は、中世から近世まで神仏習合、本地垂迹思想によって支えられてきた。

近代になって諏訪明神から名を変えた現在の諏訪大社は、本宮・前宮からなる「上社」、秋宮・春宮からなる下社が、全国から集まる参拝者を迎えている。両社にはそれぞれに神宮寺があったが、これらはどのように破却されていったのだろう。

慶応四年（一八六八）四月、諏方大祝《おおほうり》（諏訪社の頂点に位置した神職）の名代・五官惣代から神祇事務局に、上社の社僧と堂塔にかんする「諏訪社書上」が提出される（以下は『諏訪市史・中』『同・下』より）。同年六月一五日、京都神祇局から大観察使（地方政治を監督する官職）・富饒夫《とみにぎお》、副使・中川陸奥、下役人二名が諏訪に到着。諏訪社にたいし富らは、神仏分離が遅れていることを叱責し、仏を除くように厳命した。神宮寺と如法院《にょほういん》、蓮池院《れんちいん》、法華寺《ほっけじ》など別当は、還俗の請書を強いられ、除仏の実行と金物の重量の計測を命じられた。この夜、諸堂からは残らず仏が除かれ、寺方四寺と八坊は還俗した。

六月一九日、観察使立ち会いのもと、上社神宮寺の堂塔を取り壊し始めたが、人足たちは仏罰を恐れて動こうとしなかった。そこで副使の中川が両社の社家《しゃけ》に指図して、諸堂の一部を取り壊し、御神体の鉄塔も小社人が取り出して放置した。六月二〇日、観察使一行は下社に向かったが、ここでも人足はいっこうに動かず、藩も社方も無理強いして暴動が起こることを恐れて、農事が多忙であることを理由に、秋までの延期を願い出た。観察使一行には引き揚げを請い、取り壊しの猶予を得た。

猶予期間のうちに神宮寺村の村人たちは、取り壊しはもったいないので、五重塔をはじめすべての堂塔をもらい受けたいと、藩にたいして連日運動した。そのうち取り壊した堂塔は、仏法紹隆寺《ぶっぽうしょうりゅうじ》がすべてもらいうけるという話になり、神宮寺村の熱意や事情を知った寺院のほうでも、藩にたいし、取り壊した堂塔はすべて神宮寺村武井城下に転地、再建し、法要会式も従前どおり勤めると運動に力を貸した。

しかし、藩ではこれを許可せず、神宮寺村では、普賢堂、銅灯籠二基、五重塔、仁王門、鐘楼だけでも譲渡して欲しいと願い出たところ、一村一堂宇にかぎって拝領が認められた。このため、神宮寺村は薬師堂一宇だけの譲渡を申し出て、許可されたという。

明治に改元された一一月下旬、堂塔の取り壊し請負の入札が実施され、真志野《まじの》村が普賢堂と五重塔の取り壊しを金五〇両で落札。一二月に入り、普賢堂も五重塔も破却を終えた。ただし取り壊しは、その後に再建することができるように、丁寧におこなわれ、雨避けのため材木を覆って管理したが、盗難も多かった。普賢堂と五重塔

図16　諏訪上社神宮寺普賢堂跡地

の寄進者で、諏訪氏の流れを組む知久《ちく》氏のものたちは、取り壊しに抗議をしたが、上社は取り合わなかった。五重塔と普賢堂を破壊する際は、多くの人が集まり、だれもが涙を拭いた。だが役人などが人夫を激励すると、天罰を恐れながらも、勇気を出して破壊したという。

釈迦堂・大般若堂・納経堂・護摩堂・仁王門などの堂宇も、神宮寺村の人足によって取り壊された。村では、梵鐘は村の警鐘にしたいと願い出たが、松本の金物商に売り払われるなど、神宮寺の堂塔伽藍は、わずか三週間ばかりで姿を消してしまったのだった。

†「社人」の活躍

江戸後期の諏訪大社下社の大祝金刺信古《かなさしのぶふる》は国学者・平田篤胤《あつたね》の門人で、尊王攘夷運動に熱中する人物だった。神仏分離令が発せられると、下社では金刺の影響もあり、廃仏毀釈に大きく傾いた。諏訪では、官位がある社僧が社人の上に立って、勢力をもち、藩でも社僧に加担する傾向があったため、社人たちは内なる意気を高めていた。神仏分離令が発布されると、社人らは躍起《やっき》になって仏教関係の堂塔、仏具を撤去しようとしたが、藩民は協力しようとしなかった。観察使・富饒夫が派遣されたのも、社人らが京都に使いを出し、訴えたためだともいわれている。

下社神宮寺の破壊にかんしても、社人が積極的に活動し、下社副祝《ふくほうり》の山田氏などは堂塔破壊のとき赤い陣羽織で指揮し、三重塔に綱をつけて引き倒したといわれる。下社神宮寺の千手堂は元治元年（一八六四）の火災で焼失し、その後は仮設の堂だったが、社人は三重塔、鐘楼、仁王門などとともに焼き払おうとした。また別当の観照寺《かんしょうじ》が火災にあったのも、社人の手によるものだというううわさが流れた。

下社神宮寺の堂塔は明治元年の冬には、ほとんどが棄却され、仏像・仏画は神宮寺の末寺などに移された。しかし、護摩堂、経堂、法納堂、薬師堂などほかの堂宇まですべてを破壊撤去することはできず、明治二、三年の頃には、破壊半ばの堂宇が荒廃に任せられていたという。その後、下社神宮寺千手堂の本尊で、武田勝頼の念持仏だった千手観音は、仁王像とともに岡谷の照光寺に遷座された。

諏訪社が属する高島藩が神宮寺を破壊する方針を受け入れたのは、幕末に老中だった藩主の諏訪忠誠《ただまさ》が、明治新政府の意向に沿うことで藩の安泰を図る意図があったのではないかと考えられている。忠誠は慶応四年五月に隠居後、東京に出て芝東照宮、芝大神宮の祠官となり、明治二四年には諏訪に戻って諏訪神社（諏訪大社の当時の社号）の宮司に就任するなど、近代神社神道の世界で要職を歴任した。

また諏訪社における神仏分離の進捗を調査しにきた富饒夫は、戸籍名が富村雄《とみむらお》、官職名として孝楯《のりたて》を用い、日吉社における廃仏毀釈に先立つ調査の際にも、出雲大社の上官として他四〇名とともに神改めをおこなったことで名前が挙がっている。幕末には尊攘運動に加わり、神仏分離を経て、その後は松江で島根県初の新聞「島根新聞誌」を発行したり、山陰立志社をつくったりしたが、時勢に絶望し隠棲先の宮崎県下で自決したという。日吉社でも諏訪社でも廃仏に立ち会った富の目に、神官や僧侶、民衆たちの行動はどのように映ったのだろうか。

†修復された御本地

諏訪市四賀桑原の仏法紹隆寺には、諏訪大明神御本地として信仰され、上社神宮寺の普賢堂に祀られてきた普賢菩薩騎象像が、廃仏毀釈を免れて安置されている。

文禄二年(一五九三)の銘があり、象座を含めた高さは約一七〇センチメートル、全長約一六〇センチメートルという、普賢菩薩像の古例のなかでも目をみはる大作である。近年におこなわれた修復調査の際、像内から「信州すは(諏訪)の本尊也」という墨書が見つかったことから、諏訪大社上社の神宮寺本尊だったことが確認された。

平成二八年（二〇一六）三月一一日、修復を終えた普賢像は仏法紹隆寺に戻り、開眼法要がおこなわれた。法要では岩崎宥祀《ゆうしょう》住職と住民らが般若心経で声をそろえ、最後に「南無諏訪大明神」と七回唱え、手を合わせた。「信濃毎日新聞」の記事には、「約一五〇年ぶりに目の輝きを取り戻し、再び住民らに迎えられた」と記されている。「目の輝きを取り戻し」というのは、普賢菩薩像は修復以前、玉眼がくり抜かれていたからで、これは諏訪社を襲った廃仏毀釈によるものだといわれている。

図17　仏法紹隆寺「普賢菩薩騎象像」（安土桃山時代）

　仏法紹隆寺には神仏分離後にほかにも、上社神宮寺如法院本尊で院派作の普賢菩薩騎象像（鎌倉時代）が遷され、上社神宮寺の山門も宮川村役場を経て移建されている。諏訪社の神宮寺にあった仏像はこのほかにも、諏訪の各地に現存し、廃仏毀釈を乗り越えたものが意外に多いことがわかるのだ。

†目のない仏像

諏訪社の神宮寺から流出した際、ほかにも部分的に破壊されたと推測される仏像がある。

諏訪大社上社の北西の山腹に建つ「善光寺」(諏訪市湖南)は、飯田の「元善光寺」から長野の「善光寺」へ一光三尊形式(阿弥陀三尊を一枚の光背がおおうもので「善光寺式」ともいう)の阿弥陀像が移る途中に、七年間とどまったところだと伝えられている。本堂には上社神宮寺普賢堂にあった不動明王立像と毘沙門天立像(ともに鎌倉~南北朝時代)があり、その本堂の背後、本田善光をまつる開山堂に至る階段途中の左右に、阿吽《あうん》二体の金剛力士(仁王)像が安置されている。

鎌倉時代の制作とみられるこの仁王は、神仏分離以前には上社神宮寺の「下り仁王門」にあった。上社にはふたつの仁王門があり、「下り仁王門」は上社の東の神宮寺側に建つほうで、西側の法華寺側に建つものを「上り仁王門」と呼んでいた。このうち上り仁王門のほうは、明治三年(一八七〇)に諏訪市諏訪の高国寺《こうこくじ》に金剛力士像とともに移築されている。

図18　善光寺「金剛力士立像（阿形）」（鎌倉時代）

鎌倉から室町時代初期の作だと推定される仁王は、廃仏毀釈以降しばらくのあいだ、露天にさらされていたという。全体に破損がみられるほか、二体とも片目の玉眼がくり抜かれているのは、廃仏毀釈の際に「魂を抜く」ためだったといわれる。上社神宮寺普賢堂から仏法紹隆寺に遷された普賢菩薩騎象像も、修復前には玉眼が抜かれていた。廃仏毀釈において、仏像にたいしてさまざまな仕打ちがなされてきたが、こうした毀損のしかたは諏訪でしかみられない特殊なものである。しかし、「魂を抜く」という行為の背景にある信仰や心情については伝承の域を出ず、明らかなものではない。

3　住吉——痕跡なき大寺

†四国に移築された大塔

住吉大社（大阪市住吉区）は、初詣に二〇〇万人以上の参拝者を集める大阪屈指の神社である。

社域の西側には、大阪でも残り少なくなった路面電車、阪堺《はんかい》電車（阪堺電気軌道阪堺線）が通る。その住吉鳥居前駅、あるいは南海本線住吉大社駅から参拝すると、石の大鳥居、朱色の反橋《そりはし》があり、回廊に囲まれたなかに住吉造の四つの本宮がある。現在、国宝に指定されているこの優美な神殿には、近世まで祭神と本地仏が合わせ祀られて、幕末までは、ほかにも数多く堂塔があったことは序章で述べたとおりである。

しかし住吉社、住吉神宮寺（新羅寺）の神仏分離、廃仏毀釈も苛烈をきわめるものだった。住吉神宮寺では東西に建つ大きな多宝塔が威容を誇り、絵図などをみるかぎり明治維新にいたるまでは、人々の目を惹きつけていたはずである。しかし東塔も西塔も現在は見

図19　住吉神宮寺（「浪華百景并都名所」より）　出典：国立国会図書館デジタルコレクション

る影もない。
　だが西塔のほうは、住吉神宮寺が廃絶したあと四国に移築され、現存している。徳島県の北東部、阿波市にある切幡山《きりはたやま》の中腹に、四国八十八ヶ所札所切幡寺《きりはたじ》は境内を構える。重要文化財に指定されているこの寺の「大塔」は、住吉神宮寺の西塔だったもので、明治六年（一八七三）から明治一五年にかけて移築された。国内の二重塔で、初層も二層も方形という形式で現存しているものは全国でこの塔だけという貴重な遺構でもある。
　この塔は、徳川家康の勧めにより豊臣秀頼が、父・秀吉の菩提を弔うため慶長一二年（一六〇七）住吉神宮寺の西塔として建立したものである。住吉神宮寺は、大阪夏の陣で焼失後、元和四年（一六一八）徳川秀忠の命により再興され、以降、承応・宝永・延享・寛政・文化・天保などの修理もあったが、堂塔は元和造営時の姿が維持され、明治維新に至った。しかし、移築された西塔などを除き、神仏分離、廃仏毀釈によりほとんどの堂塔は破壊されてしまったのである。

✝現存する堂塔

住吉神宮寺の堂宇や仏像・仏具の毀釈が、どのようにおこなわれたのかは明らかでなく、明治六年（一八七三）二月一二日の教部省の記録にもとづくと、二月に入って取り壊されたようである。

現状では、住吉神宮寺の遺物はわずかしかない。元和五年（一六一九）の造営とされる神宮寺護摩堂は、仏堂として境内に唯一現存する建物である。神仏分離後に神職や崇敬者などの諸霊を祭る「招魂社」に転用され、明治七年に大国主命を勧請したという。また護摩堂と同年に造営された南北二棟の高蔵《たかくら》が残る。住吉神宮寺、津守寺《つもりでら》と並びかつては「住吉三大寺」と呼ばれた荘厳浄土寺《しょうごんじょうどじ》（住吉区帝塚山東）の山門も、神宮寺から移築したものだとされる。

現在は社務所の裏側の一角に、石積の土台の跡があり、近くには「住吉神宮寺跡」と書かれたささやかな碑が立てられている。大阪のシンボルといえる住吉大社の、かつての神仏習合を示すのはほぼこの小さな碑だけなのである。

4 四国——遍路札所の神仏分離

†神社が含まれていた「八十八ヶ所」

四国四県に点在する弘法大師空海ゆかりの寺院をめぐり、江戸時代の初期には成立したと考えられる「四国八十八ヶ所」の札所のいくつかでも、明治維新まで神仏習合的色彩が濃厚だった（以下、愛媛県生涯学習センター編『四国遍路のあゆみ』による）。

江戸時代前期の学僧・寂本《じゃくほん》が書いた『四国徧礼霊場記』（一六八九年）を見ると、「仁井《にい》田《だ》五社」「石清水八幡宮」「琴弾《ことひき》八幡宮」といった神社名が札所として記されている。また民俗学者の近藤喜博によると、一番・一七番・三〇番・三七番・四一番・五五番・五七番・六〇番・六四番・六八番の一〇か所も神仏習合的色合いが濃い札所だったが、これらの札所の多くは、神仏分離の際に神社と別当寺が分離され、別当寺が正式な札所とみなされるようになった。土佐の仁井田五社は別当寺である岩本寺が三七番札所となり、伊予の石清水八幡宮では別当を務める山麓の寺が栄福寺として五七番の札所となった。讃岐の琴弾八幡宮も、別当寺の神恵院《じんねいん》が六八番札所となった。神仏分離後に起こった廃仏毀釈については、高知藩など一部を除き、四国は総じて穏健だったが、経済的な面などで、きわめて深刻な影響を受けた寺院も少なくなかったようである。

廃寺になった札所

高知県では「社寺係」となった国学者・北川茂長を中心に、強力な廃仏政策が展開された。

まず明治三年（一八七〇）に廃仏的意図をもって、寺院から土地山林を没収し、僧侶の還俗を要請する布告が藩庁から出された。さらに旧藩主山内家自身が、それまでの仏葬祭をすべて神葬祭に変更したため、菩提寺として寺領一〇〇〇石を有していた真如寺は、住職が還俗し、神官として教導職を務めるようになり、廃寺となった。士族のほとんどは神葬祭に転向し、庶民にも神葬祭への勧誘がおこなわれて、真如寺の跡地は布告により神式葬祭場にあてられたのだった。

土佐国内では廃絶する寺院が続出し、寺院総数六一五のうち、四三九もの寺が廃寺になった。四国遍路の札所では、土佐の一六か寺中、津照寺《しんしょうじ》、大日寺《だいにちじ》、善楽寺《ぜんらくじ》、種間寺《たねまじ》、清瀧寺《きよたきじ》、岩本寺《いわもとじ》、延光寺《えんこうじ》の七か寺が明治四年（一八七一）までに廃寺の届け出を提出し、届け出のない寺院でも実質的に廃寺に近いところもあった。高知藩は神葬祭をさらに広め、また廃寺となって失業した僧侶を救済するために、彼らを神葬祭を執り行う「神葬祭式取扱」に任命したが、翌五年九月には一斉に罷免している。

明治一一年に島根県から来た遍路、小須賀おもとの納経帳には、二五番「旧津照寺」、三五番「旧清瀧寺」とあり、これらの寺が廃寺のままであることがわかる。三三番は「高福寺」（雪蹊寺《せっけいじ》の古称）となっているが、ここも廃寺同然になっていたらしく、納経事務を竹林寺で代行していた。これら寺院の名称が復活していくのは明治一〇年代以降であり、雪蹊寺は明治一二年、種間寺・清瀧寺は明治一三年に再興され、岩本寺も明治二二年には復興がなされた。

†寺領没収と離檀の悲惨

愛媛県でも、上知令《じょうちれい》による寺領の没収や離檀によって、多くの札所が経済的困窮に追い込まれた。政府が土地を没収する「上知」については、明治四年（一八七一）に「社寺領現在ノ境内ヲ除クノ外一般土地上知セシメ」という命令が出され、さらに、地租改正の際には境内付属地までを含めた上知が命じられている。

明治四年の旧松山藩領寺院における上知の記録をみると、もともと四町五反九畝二四歩の寺領を有していた五一番石手寺《いしてじ》は、二町八反三畝一六歩減らされ、一町七反六畝八歩だけが残った。五〇番繁多寺《はんたじ》は、元の寺領が四町八反六畝一歩だったのにたいし、四反八畝一四歩しか残らなかった。五二番太山寺も、九町六反二畝一歩という広大な寺領を有していたが、残ったのは一町二反六畝二三歩だけだった。

六二番宝寿寺《ほうじゆじ》は檀家を持ちながらも、一宮神社と分離後に廃寺となり、明治一〇年に、四国遍路の行者大石竜遍上人によって再興された。五五番南光坊《なんこうぼう》は、無檀家の寺は廃寺にすべしという命令が出たとき、四、五軒の家に頼んで檀家になってもらい、ようやく廃寺を免れた。五七番栄福寺《えいふくじ》も一時は無住となり、新しい住職がやってきたが、寄付を頼む檀家がなく、茶碗や鍋さえ整わないという時期があったという。

四六番浄瑠璃寺《じょうるりじ》では、住職が庫裡の裏を畑にして芋などを作ってしのいでいたが、その状態に耐え切れずに寺を出ていった。このため檀家総代が建物を管理し、葬式や法事の際には近所の寺から僧侶に来てもらい、遍路が納経を頼みにきたときには、近所に住んでいた総代が朱印を押したという。

†ひとつの境内にふたつの札所

香川県の札所も、廃仏毀釈によって大きな影響を受けている。

かつての讃岐国は空海の出身地であり、航海の神として信仰を集めた金刀比羅宮《ことひら》もある（金刀比羅宮の神仏分離、廃仏毀釈については次章で取り上げる）。また崇徳上皇の配流先でもあった。さまざまな歴史と信仰が渦巻く讃岐の神仏分離前後をみてみよう。

観音寺市の琴弾公園内の琴弾山の中腹にある六八番札所の神恵院は、六九番観音寺と同じ境内にあり、山頂には琴弾八幡宮がある。

六八番札所はもともと琴弾八幡宮で、神恵院はその別当寺だった。神仏分離の際には神恵院が札所となり、八幡宮に神官が不在だったこともあって、宝物類の配分などの分離作業は円満に進んだとされる。八幡宮は琴弾神社と神恵院に分離され、神恵院は琴弾山麓の観音寺の境内に移転する。寺領寺財が制限された神恵院の院主は生活に困窮したという。神恵院は檀家も持っていなかったことから、六九番札所の観音寺の境内に本尊を移すことになった。こうして観音寺の西金堂を神恵院本堂として、「ひとつの境内に二か所の札

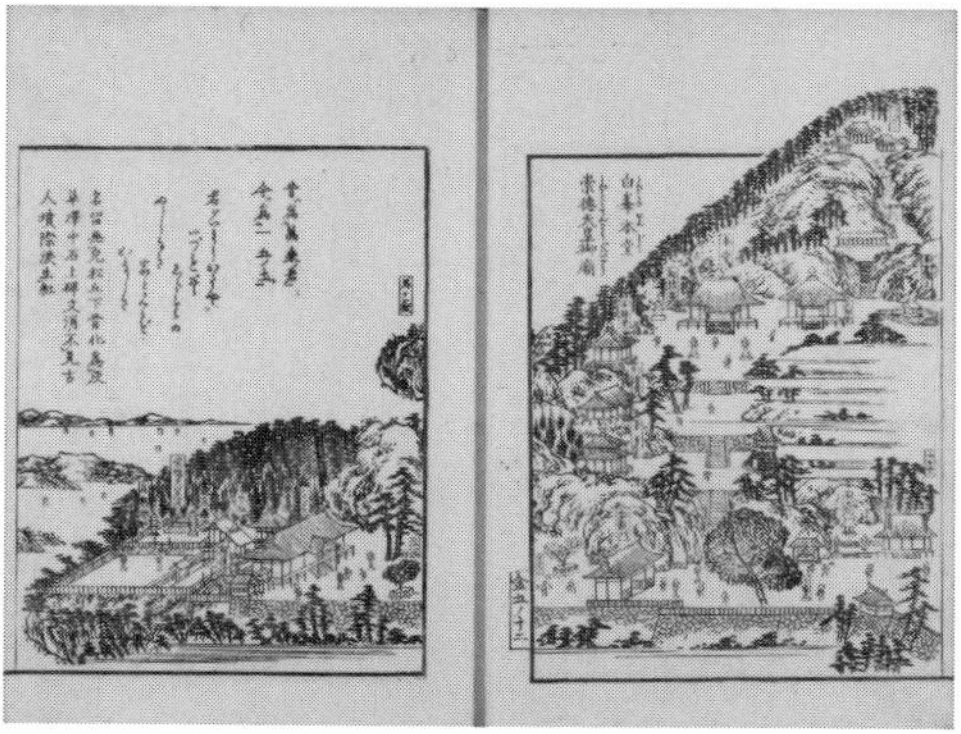

図20　白峯本堂・崇徳天皇廟（「金毘羅参詣名所図会」より）　出典：香川県立図書館デジタルライブラリー

所」という特異なかたちで存続することになったのである。これ以降、神恵院は西金堂《さいこんどう》（二〇〇二年に新築）を本堂に、阿弥陀如来像を本尊として現在に至っている。

八一番白峯寺《しろみねじ》は香川県坂出市の五色台の白峰山の中腹にある。この寺は、保元の乱（保元元〔一一五六〕）に敗れ、配流の末にここで亡くなった崇徳上皇の御陵と、上皇の神霊を祭る御廟である頓証寺殿《とんしょうじでん》を代々管理してきた。

明治になると崇徳院を復権するため、坂出の御廟に祀られていた上皇の神霊を、京都に新たに造営された白峯宮（現在の白峯神宮）に移し、御陵のほうも宮内省が管轄することになる。さらに上知令による寺領の没収で、境内地と建物、什器を所有するばかりとなった。明治六年（一八七三）には住職が還俗し、白峯御陵を管理する陵掌に転じたため、住職が不在になってしまう。明治八年にこうした状況を

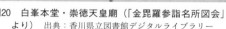

危惧した檀家信徒が、新住職を選ぶことを県令に願い出て許可されたため、白峯寺は廃寺を免れたのである。

神仏習合が浸透していた四国八十八ヶ所も、神仏分離の影響を受けたが、霊場を維持しようという力が働いたのか、廃寺に至るケースは数か寺にとどまった。しかし、上知令によって経済的困窮に陥った札所は多く、苦境を凌いだ逸話にはこと欠かない。

一方、伊勢や諏訪では数多くの寺院が廃されたものの、混乱の収束後はある種の安定がもたらされ、時間の経過とともに〝神の聖地〟のイメージが定着していき、かつての仏教色を隠蔽したまま、現在も古代以来の神々が観光資源となっているのである。

第四章

「権現」の消滅

——吉野・出羽三山・金毘羅ほか

1 「権現」のゆくえ

神仏分離令において、神か仏か判然とさせることを求められ、その結果、最も大きな影響を被ったのは、山岳信仰をもとに隆盛した「権現」と、「牛頭天王《ごずてんのう》」を祀る祠堂だった。慶応四年（一八六八）三月二八日の神祇官事務局からの通達に、「中古以来、某権現あるいは牛頭天王の類」と名指しされたことによるものである。

†「蔵王」と蔵王権現

某権現には、山岳信仰を発展させた修験道にもとづく、羽黒《はぐろ》権現、戸隠《とがくし》権現、立山《たてやま》権現、白山《はくさん》権現、金毘羅《こんぴら》権現などがあり、なかでも大和国吉野の金峯山《きんぷせん》を根拠地とする蔵王《ざおう》権現は、その姿が明確な形をしていることもあり、吉野以外の地でもその尊像とともに信仰されていった。一面三目二臂《ひ》の忿怒《ふんぬ》相《そう》、右手に三鈷杵《さんこしよ》、左手は剣印、右足を蹴り上げた彫刻・絵画は作例が多い。しかし、「蔵王《ざおう》」と聞いて、だれもが思い浮かべるのは、東北の冬の風物詩「樹氷」で知られる「蔵王」なのではないだろうか。この蔵王は特定の山ではなく、宮城県と山形県の県境に位置する連峰とその周辺を指し、やはり蔵王権現に由来するものなのである。

宮城県蔵王町遠刈田《とおがった》温泉にある「刈田嶺《かったみね》神社」について、宮城県神社庁の説にもとづくと、役行者《えんのぎょうじゃ》が蔵王権現を大和国吉野から不忘山《ふぼうさん》に祀り、周辺の奥羽山脈を修験道の修行の場とし、この峰々と祀りの場を「蔵王大権現」と呼ぶようになったことによるという。蔵王大権現の神社は、神仏分離後には「水分《みくまり》神社」と名を改め、さらにその後、現在の刈田嶺神社に改称した。また蔵王町のほうでは、平安時代に役行者の叔父にあたる願行が、吉野山から奥羽山脈の山頂に蔵王大権現を分祀し、蔵王連峰の東に聳える青麻山《あおそさん》東麓に僧坊を構えて修験道の修行をおこなった。願行の死後、僧坊の跡地に建った「願行寺《がんぎょうじ》」は、江戸時代には「金峯山蔵王寺嶽之坊《だけのぼう》」と号する真言宗の寺院となり、山頂の「蔵王大権現社」と遠刈田温泉から蔵王大権現社への参詣路「蔵王参詣表口」の管理もおこなった。神仏分離では「蔵王大権現」を「蔵王大神」に改め、さらに水分神社を経て刈田嶺神社へ改称したという。

なお蔵王の北方、山形市下宝沢《しもほうざわ》の刈田嶺神社では、現在も祭神として像高約三・六メートルの巨大な蔵王権現立像を祀っている。しかし、いずれにしても蔵王の地から「蔵王権現」という名の神社は、近代になって表面上は姿を消してしまい、その名称の由来を感じにくくしてしまっているのである。

†吉野蔵王堂の廃寺と再興

「蔵王」の名はすでに述べたように、現在の奈良県中央部に連なる、吉野から大峰山に至る峰々から生まれた「蔵王権現」に由来するものである。ここからは吉野をはじめ、各地の蔵王権現が、神仏分離の時代にどのように処遇されたのかを見ていくことにする。

奈良吉野山の金峯山寺《きんぷせんじ》蔵王堂《ざおうどう》と仁王門は、平成一六年（二〇〇四）に「紀伊山地の霊場と参詣道」の一つとして、ユネスコの世界文化遺産に登録された。高さ約三四メートル、檜皮葺の蔵王堂は、木造建築では東大寺大仏殿に次ぐ規模を誇る。内陣には高さ七メートルにおよぶ三体の金剛蔵王権現立像（重要文化財）が祀られている。三体は、中央が釈迦如来、向かって右が千手観音、左が弥勒菩薩の権現とされ、像高は約六メートルから七メートル、青い姿に赤い髪を逆立て、牙を鼻までのばし、片脚で立つ。

役行者以来、蔵王権現にたいする信仰を中心に発展してきた修験道は、明治に入ると甚大な打撃をこうむる。神仏分離令につづき、明治五年（一八七二）九月一五日に太政官は、

「修験道廃止令」を発して全国の修験宗を廃止した。そして、日本独自の尊格である「権現」、わけても「蔵王権現」は、神とも仏とも「判然」としないものとして、分離と破却の矢面に立たされたのである。

図21　金峯山寺蔵王堂（奈良県吉野郡吉野町）

慶応四年（一八六八）三月二八日、神祇官事務局は、「中古以来、某権現あるいは牛頭天王の類、その外《ほか》仏語を以って神号に相称え候神社少なからず候。いずれもその神社の由緒委細に書き付け、早々に申し出べく候事」と通達した。つまり「権現」や「牛頭天王」、また神号を仏号で称えている神社は由来を明らかにすべきというのだ。そのうえで神社・神前から、仏教的要素の排除を命じたのである。

明治五年九月の「太政官第二七三号」では、修験道を廃止し、本山派（熊野三山を拠点とし、聖護院を本寺とする）修験と羽黒修験は天台宗に、当山派（金峯山を拠点とし、醍醐寺三宝院を本寺とする）修験は真言宗に所属するものとした。本山派、当山派の修験者はそれぞれ天台、真言両宗に所属させられることになる。

修験道廃止令が発布されると、吉野山の寺院堂塔すべてにたいし、弁事御役所《べんじおやくしょ》（太政官の総裁局で庶務を掌った部門）は蔵王権現を神号に改め、僧侶は還俗《げんぞく》するように命じた。吉野山のほうでは、蔵王権現は仏像であるから、還俗せずに僧侶として奉仕したいと願い出た。しかし、政府の意を受けた奈良県庁は、山内の金峯神社を本社とし、山下蔵王堂（現在の金峯山寺蔵王堂）を「口の宮」、山上蔵王堂（現在の大峯山寺）を「奥宮」とし、山内の僧侶は還俗して神に仕えるように命じた。吉野山でもこれを受け入れ、金峯山寺は廃寺に追い込まれた。

山下蔵王堂をはじめとする諸院諸坊の仏像は、吉野山の集議所だった密蔵院に遷され、その管理は善福寺が依頼された。葬儀をおこなわず祈禱を旨とする修験寺院がほとんどだった吉野山で、善福寺は江戸時代の初期から菩提寺としての役割を果たしてきた寺院だった。しかし、山下蔵王堂の三体の巨大な蔵王権現像を移動させるのは困難だったため、像の前方に幕をはり、その前に鏡をかけ幣束《へいそく》を立てて、そこに金峯神社の分霊を勧請した。山上蔵王堂のほうでも同様のことがおこなわれた。

太政官政府の宗教政策が沈静化し、また僧侶・修験道者らの嘆願によって、明治一九年には「天台宗修験派」として修験道の再興が図られることになる。こうして金峯山寺は寺院として復興存続されることとなったが、山上の蔵王堂は「大峯山寺」となり、金峯山寺とは切り離された。戦後の昭和二三年（一九四八）には、大峯修験宗が天台宗から分派独立して成立し、昭和二七年には金峯山修験本宗と改称、金峯山寺が同宗の総本山となっている。

†「おんたけ」と「みたけ」の権現

蔵王権現は修験道の地方伝播とともに、各地の霊山に祀られていった。そうした山のなかには御嶽《みたけ》と呼ぶところが多く、長野県と岐阜県にまたがる木曽御嶽山だけはとくに「おんたけ」と呼ばれた。

木曽御嶽山では蔵王権現を「座王権現」と表記し、吉野などとは異なる独自性を表した。近世中期、武蔵国の行者・普寛《ふかん》は、この座王権現を古代神話の国常立尊《くにとこたち》だと解釈し、それ以降、御嶽山にもともと祀っていた大己貴命《おおなむち》、少彦名命《すくなひこな》に国常立尊を加えた三柱が、御嶽山座王権現だとされるようになる。そして、寛政六年（一七九四）に普寛が、山の南東側から頂上に向かう王滝口を一般民衆に開放すると、木曽周辺でとどまっていた御嶽信仰が全国に広がっていった。

神仏分離令が布告せられると、御嶽山座王大権現は「御嶽大神」と呼称され、「御嶽神社」を名乗るようになった。ここでも仏教関連の施設・彫刻は取り除かれたが、もともと御嶽山にたいする山岳信仰にもとづくことから、その後も独自の講社として、神仏習合を保ちながら信仰され続けている。

東京都青梅市、武蔵御《み》岳山《たけさん》の山頂に鎮座する「武蔵御《むさしみ》嶽《たけ》神社」は、現在、櫛真《くしま》智《ち》命を祭神としている。オオカミを神格化した大口真《おおくちま》神《がみ》を、五穀豊穣・火災除けの守り神とする信仰でも知られるこの霊山も、神仏分離までは「御嶽大権現」として蔵王権現を祀ってきた。

文暦元年（一二三四）に大中臣国兼《おおなかとみのくにかね》が荒廃していた社殿を再興（蔵王権現を鋳造したともいう）して以降、修験の霊場として知られるようになり、幕府や武士から数多くの武具が奉納されてきた。明治に入ると神仏分離により、それまでの御嶽大権現から延喜《えんぎ》式《しき》にある「大麻《おおま》止《と》乃《の》豆天《つのてん》神社」に改称したが、ほかにも同社と推論される神社があったことから、御嶽神社と改称、昭和二七年（一九五二）に現在の社号になった。権現信仰は根強く、本殿の内陣には現在も秘仏の蔵王権現像を安置し、酉《とり》年に行われる酉年式年大祭で、一二年に一度御開帳される。

†石鎚権現だったふたつの寺院

四国随一の修験の霊山、石鎚山《いしづちさん》の「石鉄《いしづち》蔵王権現」は、神仏分離を経て「石鎚神社」（愛媛県西条市）になった。

神仏分離令により、明治三年（一八七〇）には石鉄権現号が廃止され、翌明治四年四月五日には石土毘古命《いしづちひこ》を祭神とする石鉄神社となった。石鉄蔵王権現そのものだった前神寺《まえがみじ》と横峰寺《よこみねじ》は廃され、前神寺の境内は石鎚神社の本社となり、横峰寺は西方より拝する遥拝所《ようはいじょ》とされる（石鎚神社に社号が変更されたのは明治三五年三月八日のことである）。

しかし、前神寺の住職は、石鎚神社の存在が認められ、仏像と判断される蔵王権現は祀るに及ばずという決定が下されると、蔵王権現像を山上に安置して行政側に抵抗した。ところが、明治五年に本堂が火災で焼失したため、権現像は無住になっていた末寺の医王院に移り、地元の戸長に預けられて封印されることとなる。明治八年に教部省の指令にもとづく県の通達により、廃寺が正式に決定されると、前神寺は裁判を起こして抵抗したものの決定は覆らなかった。しかしその後、檀家などが協議して明治一二年には「前神寺復旧出願」が出された。一八〇戸あまりの檀家の祖霊祭祀に支障が出ていること、四国霊場六四番札所として数百年来信仰されてきたことなどを述べたうえで、寺号から「神」をはずし、「前上寺」と改めることでの存続を願い出たところ、県も再興を認めた。そこで、現在地に前上寺という名称で再建され、さらに明治二二年には前神寺の旧称に復して、寺号問題は解決をみた。

横峰寺も神仏分離にあたり、石鉄神社西遥拝所横峰社となって明治四年に廃寺となり、檀家は六一番香園寺《こうおんじ》の檀家にされた。六〇番札所が消滅したため、同じ小松町の平野部にある清楽寺に新しく札所が移されたが、ここでも前神寺と同様に、明治一〇年に地元の檀家総代より横峰寺の再建願いが出された。そして翌年に、愛媛県令から再興を認める決定を引き出し、明治一三年に大峰寺という名称で復活、その後の協定によって清楽寺は前札所ということになり、六〇番札所は元に戻った。さらに明治四一年になって、横峰寺の旧称に復帰することになったのである。

蔵王権現は、その神と仏の境界上にあるという性格から、多くの人々の信仰を集めてきたのだった。表層からは取り除かれたこの尊格がいた霊場を、神仏分離以前に遡ってたどり直してみることは、この列島における信仰の独自性を顧みることにもなるのだ。

2　山岳信仰の跡形

†出羽三山神社に建つ「五重塔」

図22　羽黒山五重塔（山形県鶴岡市羽黒町）

杉木立のなかにそびえる羽黒山の五重塔は、東北地方では最古の塔といわれ、昭和四一年（一九六六）に国宝に指定された。総高約二九・二一メートル、相輪《そうりん》（塔頂部にある金属性の部分）を除く塔身の高さは二二・二メートル。屋根は柿葺《こけらぶき》、様式は純和様で塔身に彩色等を施さない素木の塔で、現在の所有者は出羽三山神社である。近世までは塔内に聖観音、軍荼利明王《ぐんだりみようおう》、妙見菩薩を安置していたが、神仏分離以後は大国主命を祭神に祀り、出羽三山神社の末社「千《ち》憑社《よりしや》」となっている。五重塔は神仏分離で寺院に与えられ、ほかに移転することになったが、多額の経費を要することなど対応に時間を費やし、結局は神社の所有となった。

出羽三所権現では、明治六年（一八七三）に国家神道推進の急進派であった西川須賀雄が宮司として着任し、その際に廃仏毀釈がおこなわれ、とくに羽黒山では堂塔・文物が徹底的に破却された。その結果、別当寺が廃されて神社となり、三社をひとつの法人が管理することとなり出羽神社に社務所が置かれた。

羽黒山内と門前の手向《とうげ》、奥の院の荒沢寺《こうたくじ》では、一〇九あった堂塔坊舎のうち、五九宇が取り壊され、三三宇が仏堂から神社施設に転用され、一一宇（一一パーセント）が仏堂として残された。これらの破壊、転用は明治六年（一八七三）九月から翌年までのあいだにおこなわれたという。

†宮司による廃仏推進

明治二年（一八六九）一二月、酒田県知事に大原重実《おおはらしげみ》が任命され、明治三年一月二二日に着任、三月になって神祇官は「羽黒権現」を廃して「出羽《いでは》神社」に改組し、山内の社僧は復飾（還俗）すること、また、仏像や寺院は神域から取り除くことを命じ、これが酒田県経由で羽黒権現に伝えられた。

当時の羽黒権現は、別当・覚諄《かくじゅん》の時代の文政六年(一八二三)に「能除太子《のうじょたいし》(蜂子《はちこ》皇子)」にたいする「照見大菩薩」の諡号《しごう》(贈り名)とともに、「羽黒三所権現(羽黒・月山・湯殿山権現)」には「出羽神社正一位」の神階(神に授けられる位)を賜り、また明治二年(一八六九)五月の「神仏分離社僧復飾」の布達もあって、羽黒修験は復飾しなければ神社に出仕することができなくなった。一〇月に入ると山形県酒田出張所から、山内の諸堂を速やかに神社に改め、別当以下衆徒は全て復飾することを改めて命じられた。神祇官にこれまでどおりの措置を嘆願したが許されず、還俗しないと山を去るしかなかったため、荒沢寺、積善院(山頂)、金剛樹院《こんごうじゅいん》(手向)を除き、その他の寺院を廃して住職には神勤させることとした。羽黒山の別当だった官田《かんでん》は「羽黒宝前」と名を改め、表面上の復飾をして、出羽神社の社司に任じられた。

明治三年六月二八日、天台宗総本山の比叡山延暦寺からは「明治維新政府の神仏分離布告は、仏道を廃止するという意味でないから修学を怠らないように」という内容の布告が出されたが、翌明治四年に県から羽黒山にたいし、「羽黒山麓仁王門から月山山頂までの末社や路傍に祀られている仏像類の撤去」が命じられる。明治六年に、教部省の大講義で平田篤胤門下の西川須賀雄が出羽神社宮司に任命されると、西川は羽黒山が以前と変わらず仏教色を濃厚に残している実情を見て憤慨し、手向の修験者にたいし完全な復飾をするよう諭した。しかし、手向修験三〇〇坊は復飾に応じないばかりか、天台宗に帰入することを天台宗務庁に願い出た。西川は、出羽三山の開祖能除太子の諡号である「照見大菩薩」を返上して「蜂子命」とし、「開山堂」を「蜂子神社」と名称を変更して神祭執行をすることを企図したが、手向二七坊は反対する書面を提出する。こうした対応を前に、西川宮司は徹底した廃仏毀釈の着手を決断することになる。

西川は教部省から常世《とこよ》長胤《ながたね》らを招き、木造の仏像・仏具は集めて燃やし、石造物や鋳造仏像は石工を雇って破壊、石碑は渓谷や池沼に投げ捨てた。破壊を免れた仏像・仏具は、手向の金剛樹院、荒沢の北之院、聖之院、経堂院などに移されたが、荒沢三院のうち北之院、経堂院は後に火災に遭ったため仏像はことごとく焼失し、ほかの寺院に移されたものもほとんどが散逸したという。こうして月山・羽黒から手向に至る寺院堂塔一一三棟のうち、八五棟が取り壊されたのだった。

†出羽三山その後

羽黒山の寂光寺は廃寺となり、山内の一八坊のうち一五坊は取り壊され、残った正善院、荒沢寺、金剛樹院は寺院として羽黒山から独立し、現存している。

羽黒山で別当寺に次ぐ格の三先達寺《さんせんだつじ》だった華蔵院《けぞういん》（三ノ坂上）、智憲院《ちけんいん》（現在の山頂駐車場西側）、正穏院《しょうおんいん》（現在の出羽三山歴史博物館前）のうち、智憲院、正穏院は大規模な堂塔を誇っていたが、取り壊しになり、取り壊した用材が多すぎて買い取るものがなく、わずか一六円で売り払われたという。華蔵院は破壊を免れ、現在は宿坊の機能を果たす斎館《さいかん》となっている。

いっぽう、出羽三山登山口七方八口に発達した修験者を中心とする集落は、各別当寺の管理下にあり、神仏分離令にたいする反応は各口各様だったという。手向の修験三〇〇坊で復飾、改名した修験者は、神社から自坊に帰ると僧に戻り、読経をしていたともいわれている。

また羽黒本社をはじめ各寺院の仏像は、破壊・焼却あるいは散逸し、古くからのものはほとんど残存していないという。現在、「羽黒山千佛堂」（平成二九年開館）に収蔵展示されている約二五〇体の仏像は、廃仏毀釈によって羽黒山から下ったとされるものを、地元で名棟梁として知られた佐藤泰太良《やすたろう》が私財を投じて収集し、その子孫が奉納したものである。

湯殿山にかかわる本道寺《ほんどうじ》、大日寺《だいにちじ》、注連寺《ちゅうれんじ》、大日坊《だいにちぼう》の真言四か寺は還俗を拒んだが、神祇官は湯殿山は神山であることを理由に、仏道奉仕を禁止し、神職になるように諭した。その結果、本道寺と大日寺は受け入れたが、注連寺、大日坊は還俗しなかった。注連寺として、大日坊は真言宗寺院として湯殿山から独立、本道寺は西川町本道寺の口之宮《くちのみや》湯殿山神社となり、大日寺は西川町大井沢の大日寺跡湯殿山神社となった。

出羽三山は現在、「三神合祭殿」という神殿を中心にその信仰が継続している。寺院の主要な部分は神社になったが、神仏習合の聖地だったことを意識して巡拝したいものである。

✝東日本の霊山――戸隠・立山・白山

信濃国の「戸隠《とがくし》権現」、現在の「戸隠神社」(長野県長野市)は、神仏分離まで戸隠山顕《けん》光寺《こうじ》と称する寺院で、往時には「戸隠十三谷三千坊」と呼ばれて比叡山、高野山とならぶほどに繁栄していた。江戸時代には徳川家康の手厚い保護を受け、一〇〇〇石の朱印状を賜り、東叡山寛永寺の末寺となった。山中は門前町として整備され、奥社参道には杉並木が植えられた。

顕光寺は神仏分離で戸隠神社と改称し、堂塔坊舎も名前を変えた。宝光院は宝光社となり、本尊の勝軍地蔵は祭神天表春《あめのうわはる》命に、中院は中社となり、本尊の釈迦如来は祭神天八意思兼《あめのやごころおもいかね》命に変わった。奥院は奥社となり、本尊だった聖観音菩薩（現在は千曲市の長泉寺本尊）は天手力雄《あめのたぢからお》命に変わった。奥院は神仏分離以前まで仁王門（現在の随神門《ずいしんもん》）から先の参道の左右に子坊が建ち並んでいたが、宝光社の近くに移るなどしていまは跡形もない。

図23　戸隠神社奥社の随神門（旧奥院仁王門・長野県長野市戸隠）

戸隠神社では平成一五年（二〇〇三）からは式年大祭の期間中に、長野市や千《ち》曲《くま》市の寺院に分散した仏像を宝光社に集めて「離山仏里帰り拝観」を催している。平成二七年には、宝光院の本地で善光寺に移った「木造勝軍地《しょうぐんじ》蔵騎《ぞうき》馬《ば》像《ぞう》」が初めて里帰りを果たした。

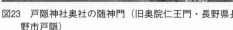

越中立山では、江戸時代には芦峅寺《あしくらじ》の僧侶たちにより立山権現信仰が全国に広められた。神仏分離、廃仏毀釈によって立山権現は廃され、明治二年（一八六九）、芦峅寺と岩峅寺《いわくらじ》は廃寺となり、雄山神社に強制的に改組された。また、立山修験道の布橋大灌頂《ぬのばしだいかんじょう》も禁じられた。

加賀国（石川県）と美濃国（岐阜県）にまたがる白山では登拝の起点にあたる「三馬場《さんばんば》」（加賀・美濃と越前側にある）のうち、加賀の白山寺白山本宮は廃寺となり、白山比咩《しらやまひめ》神社に強制的に改組、越前の霊応山平泉寺も廃寺となり、平泉寺白山神社に強制的に改組された。美濃の白山中宮長瀧寺は、廃寺は免れたものの、長瀧白山神社と天台宗の長瀧寺に強制的に分離された。

†江戸近郊の霊山——富士山・箱根・伊豆・大山

鎌倉幕府、江戸幕府がおかれた関東とその近郊には、現在も観光地としてにぎわう霊山がある。日本一の山として多くの登山客を集める富士山、温泉地として知られる箱根と熱海、近郊登山で人気の神奈川県の大山などだが、こうした霊山も神仏分離で大きな変化をこうむった。

江戸を中心に隆盛をみた「富士講」の信仰の対象は、「浅間《せんげん》（仙元）大菩薩」や「富士権現」などと呼ばれる神仏をまたいだ霊場だったが、神仏分離令が発せられると、富士山中や富士修験の根拠地だった村山では仏像の取り壊しが進んだ。村山修験の中心地だった富士山興法寺《こうぼうじ》は分離され、大日堂は人穴浅間《ひとあなせんげん》神社となり、大棟梁権現社《だいとうりようごんげんしや》は廃されるなど改変されてしまう。北口本宮冨士浅間神社では仁王門や護摩堂などが取り壊された。また、山頂近くにあった薬師堂は、久須志《くすし》神社と名前を変えている。

江戸の近郊で、鎌倉幕府、江戸幕府からの庇護も得て栄えた「権現」も神社化を迫られた。「箱根神社」（神奈川県足柄下郡箱根町）は「箱根権現（箱根大権現、箱根三所権現）」と呼ばれ、文殊菩薩・弥勒菩薩・観世音菩薩を本地仏とし、箱根権現社と箱根山金剛王院東福寺で祀られてきた。明治二年（一八六九）、神仏分離令にしたがい権現を廃して改称し、東福寺は廃寺となった。仏教系の建物はすべて焼き払われ、仏像、宝物は打ち壊されて、なかには芦ノ湖《あしのこ》に投げ込まれたものもあるという。

神奈川県伊勢原市に聳える大山中腹の「大山阿夫利《おおやまあふり》神社」は、十一面観音を本地とする大山石尊《おおやませきそん》大権現として神仏習合が続いてきた。中世以降、大山修験がさかんになり、江戸時代には関東各地に大山講が組織され、多くの庶民が参詣した。修験者らは「御師」として参詣者の先導役を務め、山麓の伊勢原や秦野《はだの》には宿坊が軒を連ね、門前町として栄えた。

神仏分離で大山の廃仏と神社化が図られ、「大山石尊大権現」の呼称は廃されて、「阿夫利神社」に改められた。大山の中腹にあった不動堂は破却され、現在の大山阿夫利神社下社となった。明治九年(一八七六)に不動堂の再建がはじまり、同一八年に明王院という寺号で再興、大正四年(一九一五)に大山寺の寺号が復活した。

明治時代初期の『開導記』には、大山講の総講数は一万五七〇〇、総檀家数は約七〇万軒との記載がある。大山講の隆盛に尽力した御師は、明治以降、先導師と改称されるが、大山御師は寛政九年(一七九七)の「東海道名所図会」では一六五余(大山一五〇余、蓑毛《みのげ》一五)、『新編相模国風土記稿』(天保一二年〈一八四一〉)によると一六六軒を数えた。しかし、明治一九年には八一戸、大正六年には七五戸、昭和六三年(一九八八)には五六戸の先導師数が挙げられている。なお平成二二年(二〇一〇)三月では、先導師を務める戸数は四六戸である。それでも先導師旅館(宿坊)が建ち並ぶ旧参道、旅館内の神殿に祀られた石尊大権現などに神仏習合時代をしのぶことができる。

近世民間信仰のなかでも最も隆盛したひとつである秋葉《あきは》信仰の本拠地だった「秋葉権現」も神か仏かの選択を迫られる。遠州秋葉山では秋葉権現が神仏いずれかで議論が長引いた。しかし、明治五年、社寺行政を主管する教部省は、「秋葉事記に聖観音（行基作）秋葉山権現（当山鎮守）祭神大己貴命《おおなむち》（あるいは曰く式内小國神社）三尺坊（秋葉同社に祭る当山の護神なり）とあれば、当山の鎮守の神と三尺坊の霊とはもとより各別なること明けし。但し式内小國神社は同郡にはあれども今宮代村にありて、秋葉の地とは自ら別なるは祭神の説は非ながら、もとより秋葉の主神は仏に非《あらざ》る故にかかる説も起こりしなるべし」（原文は片仮名。句読点を補う）と、秋葉権現は三尺坊とは異なる尊格であると判断した。そして、「秋葉大権現の儀、慶応三年十二月廿《にじゆうしち》七日神階正一位を授け候事ゆえ、向後、秋葉神社と称し申すべき事」と秋葉神社への改称が妥当としたのである。

教部省は祭神名について、「秋葉事記」の大己貴命ではなく、古代神話の火の神、火之《ひの》迦具土《かぐつち》大神と称するべきだとした。秋葉権現を祀っていた各地の寺院や祠堂も、これに準じて神道の秋葉神社となったところが多い。秋葉神社と秋葉寺に分離した後の明治六年（一八七三）、大登山秋葉寺は無住無檀により廃寺となったため、当時の浜松県の指導により三尺坊は曹洞宗寺院、可睡斎《かすいさい》（袋井市）に遷された。

†神社となった「吉野山」

再び大和国の吉野に話題を戻したい。この山には蔵王権現以外にもいくつもの「権現」があり、それらが時代に翻弄されながら神社化した経緯を跡づけたいからである。蔵王権現を祀る金峯山寺は、廃絶を経て寺院として復活することができたが、いっぽうで吉野《よしの》水分《みくまり》神社、金峯《きんぷ》神社、吉水《よしみず》神社は、いずれも近代以降に神社になったものである。

吉野水分神社は地蔵菩薩の垂迹《すいじゃく》とされ、水分神《みくまりのかみ》（水の分配を司る神）としても信仰された「子守《こもり》権現」だった。大峯修験の重要な行場でもあったが、神仏分離により金峯山寺から独立した。

金峯神社は、神仏習合時代には阿閦《あしゅく》如来、釈迦如来、大日如来（金剛界）を本地仏として祀る「金精明神」だったが、霊山としての吉野山を表す「金峯」を冠する神社になった。

吉水神社は、神仏分離まで金峯山寺の僧坊のひとつ「吉水院《きっすいいん》」だった。吉水院は、後醍醐天皇が吉野に行幸したとき行宮《あんぐう》を設けたところで、天皇の崩御後には、子の後村上天皇が父の像を作って祀り、仏教式の供養がおこなわれてきた。しかし明治に入ると、天皇を仏式で供養することが問題視されることになる。

明治四年(一八七一)五月、当時の五条県が吉水院を神社に改め、後醍醐天皇を祀る「吉野神社」とする案を太政官政府に提出した。しかし政府はこれとは別に、後醍醐天皇を祀る神社を設けることを計画していた。このため五条県案は退けられたが、金峯山寺の廃止が迫り、府県統合で吉野を管轄することになった奈良県は、再び神社への改組を強く働きかけた。その結果、明治六年一二月に「後醍醐天皇社」の社号の神社となることが太政官に承認され、同八年二月に吉水神社と改称して後醍醐天皇を祭神とする神社となった。

いっぽうで太政官政府による、後醍醐天皇を祀る別の神社を創建する案は消えてはいなかった。明治二二年六月二二日、後醍醐天皇を祀る「吉野宮」の創建が、明治天皇の意向で決まり、同二五年に社殿が竣工、吉水神社から後醍醐天皇像を移して御神体とされた(大正七年に吉野神宮に改称)。

修験道は、アニミスティックな山岳崇拝を起源に、古代から中世にかけて、有名無名の修行者が仏教を媒介に発展させたものだった。しかし、仏教的要素を排したことで、山は神であり、その祭祀の場は神社がふさわしいという、安易で素朴なイメージを植えつけてしまうことになったのである。

3 「こんぴらさん」の神社化

†金刀比羅宮と松尾寺

航海の神として庶民信仰を集めてきた讃岐の「こんぴらさん」、金毘羅《こんぴら》大権現は、神仏分離令を経て金刀比羅宮《ことひらぐう》と改称し、神社になった。金毘羅大権現は、廃仏毀釈が起こるまで象頭山《ぞうずさん》金光院松尾寺《こんこういんまつおでら》という真言宗の寺院だったが、祭神は大物主神と定められ、相殿に崇徳天皇を祀る神社になったのである。

金毘羅大権現の別当、金光院宥常《こんこういんゆうじょう》は、慶応四年（一九六八）三月に神仏分離令が出されると翌四月には大権現は日本古来の神ではない旨の上申書を提出した。しかし翌五月には一転して、大国主命《おおくにぬし》と同体だと認める嘆願書を提出。六月には松尾寺の堂宇を改廃することを申告し、琴平神社に改称、同年七月に金刀比羅宮と再改称した。宥常自身も還俗し、琴陵宥常《ことおかひろつね》と改名して金刀比羅宮の宮司となった。

象頭山でもほかの霊場と同じように、仏堂から社殿への改変がみられた。阿弥陀堂が若《わか》比売《ひめ》社、観音堂が大年《おおとし》社、薬師堂（金堂）が旭社、不動堂が津嶋神社、摩利支天《まりしてん》堂・毘沙門堂が常盤神社、孔雀堂が天満宮、万灯堂は火産霊《ほむすび》社に改変される。仏堂を破壊せず、神道の施設とみられるように、建物の名称を変えて神仏分離をしのごうとした点で、金毘羅権現は、大和国妙楽寺から談山神社への移行と似ている。

多宝塔、経蔵、文庫、鐘楼は打ち壊され、大門を守っていた金剛力士像、二天門の多聞天、持国天も撤去、行者堂は明治五年に打ち壊された。こうして神仏習合によって信仰されてきた金毘羅大権現は、大物主神や崇徳天皇を祭神に祀る神道の神社に変わってしまい、所在地の町名も、明治六年に「金毘羅町」から「琴平町」に改称されたのである。

†金毘羅大権現をめぐる訴訟

金光院宥常から還俗、改名して宮司となった琴陵宥常ほか、僧侶二十数名のうち二、三の還俗者以外は、一時金を得て山を離れた。

松尾寺には金光院の支配下に真光院《しんこういん》、万福院《まんぷくいん》、神護院《じんごいん》、尊勝院《そんしょういん》、普門院《ふもんいん》があったが、このうち尊勝院と普門院は神社化に強く反対。堂塔を照明寺に移して松尾寺の法灯を守るため、仏像・仏具・経巻などはいったん金堂（現在の旭社）に収納された。明治四年、普門院は金光院の別邸に移され、宥常は金堂に格納した仏像・仏具を宥暁に引き渡そうとした。しかし、神仏分離に反対する普門院の院主宥暁《ゆうぎょう》が盛大な引き渡し儀式を計画したため、宮司側は神仏分離以前の状態に戻ってしまうことを恐れて、仏像など一切を焼却することに決定したのだった。そして、神護院から還俗した神埼勝海が総督になり、仁王尊をはじめ仏像・仏具・経巻などを裏の谷に運んで焼却したが、その際、宥盛法印の木像を火中に入れると暴風が起き、神埼総督は気絶したという。

新・松尾寺はその後、三代にわたって社務所と交渉し、回復策をはかったが、社務所側の抵抗が強く事態は好転しなかった。このため、明治四二年（一九〇九）に金刀比羅宮を相手に、金刀比羅宮の建物・宝物はほんらい松尾寺のものであるという訴訟を起こす。訴訟は明治四三年七月に裁判所で判決が下り、原告の請求を棄却。棄却の理由は、明治維新の改革で金光院が還俗し、金刀比羅宮に一切を譲った時点で松尾寺金光院は消滅、現在の松尾寺はその所有権を主張する正統性はないというものだった。

なお松尾寺金光院の観音堂に本地仏として祀られていた本尊十一面観音と二体の脇侍、不動明王立像と毘沙門天立像は、破却を免れている。不動明王と毘沙門天は松尾寺の末寺万福院の住職宥明《ゆうめい》によって救い出され、その後、明治一五年（一八八二）、西大寺の住職光阿によって同寺に遷され、あらためて金毘羅大権現の本地仏として祀られている。また十一面観音像は現在、金刀比羅宮博物館の宝物館に収蔵されている。

金毘羅大権現を継いだ松尾寺は、金刀比羅宮の麓にいまもある。しかし、金刀比羅宮への長い石段を登る人で、この寺にも参拝する人は決して多いとはいえない。

†神仏習合の一典型

この章でみてきたように「権現」は、古代末期から中世、近世まで、日本列島における神仏信仰の要であり、日本人の信仰の基盤を支えてきたともいえるものだった。つまり、神仏習合は権現信仰によって典型的に表されるものであり、神道とも仏教とも言い切れない領域を生み出し、育んできたことは、列島独自の宗教的営為だったのである。しかし、「権現」号は各地での抵抗の甲斐なくほとんどが廃され、現在のような、神道と仏教のあいだに明確な一線を引く信仰形態や、宗教空間を現出させてしまったのである。

第五章

「天王」の隠蔽——八王子・祇園・大和ほか

1 「天王山」と「八王子」

†日本各地にあった「天王社」

牛頭《ごず》天王《てんのう》は、慶応四年(一八六八)三月二八日の神祇官事務局達で「某権現あるいは牛頭天王の類」と特定され、権現にも増して、現在の日本では表層から隠されているように見える。しかし、牛頭天王の「天王」という言葉が入った、「天王」、「天王町」、「天王台」、「天王洲」などの地名は、各地に点在している。しかし、そこに住む人も、そこが牛頭天王という宗教的な尊格に由来することを、ほとんど意識してはいないかもしれない。たとえば、東京都品川区の再開発街区「天王洲《てんのうず》アイル」がある天王洲は、宝暦元年(一七五一)にこのあたりの海で、牛頭天王の面を漁師が引き上げたことが地名の由来になっている。

天王と地名がつく土地は、神仏分離以前まで「天王社」や「祇園社」と呼ばれる祭祀施設があったところがほとんどである。このうち祇園社は、牛頭天王がインドの祇園精舎《ぎおんしょうじゃ》

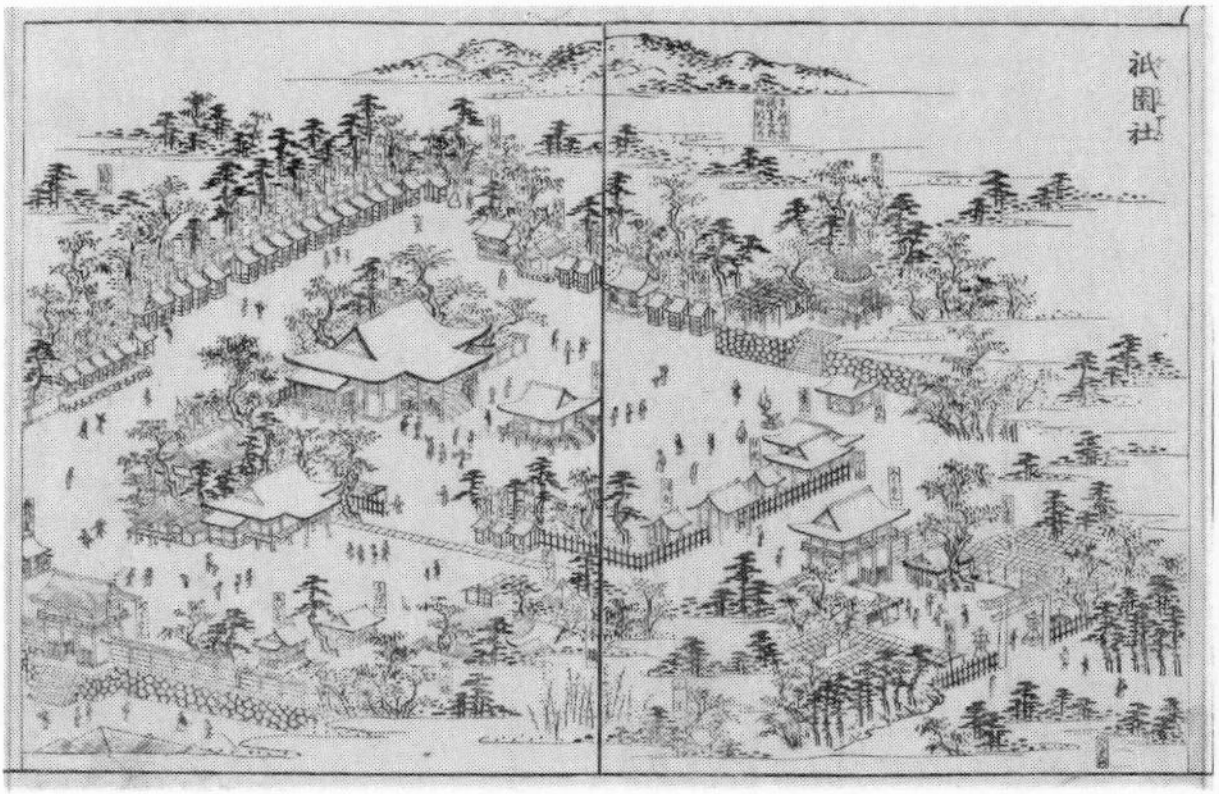

図24　祇園社（「都名所図会」より）　出典：国立国会図書館デジタルコレクション

の守護神であったことからこのように呼ばれ、その代表的なものが京都八坂の祇園社だった。ところが天王社や祇園社は、神仏分離後に、「八坂《やさか》神社」、「八雲《やくも》神社」「杵築《きつき》神社」「須賀《すが》神社」「津島神社」「素盞《すさの》（戔）嗚《お》神社（須佐之男神社）」、あるいは「天皇神社」などと社号を変更しているのである。

天下分け目の地

ものごとの勝敗を決める正念場や運命の分かれ目のことを「天王山」という。この天王山は、京都府乙訓《おとくに》郡大山崎町の境にある標高二七〇メートルの山のことで、ここにも牛頭天王が祀られていた。

天正一〇年（一五八二）六月二日の本能寺

の変を受け、備中高松城の攻防戦から引き返してきた羽柴秀吉軍が、六月一三日（西暦七月二日）に摂津国と山城国の境に位置する山崎で、明智光秀の軍勢と激突。この戦いにより、秀吉方が天王山を占拠したことが戦いの帰趨《きすう》を決めたといわれるようになり、この合戦は「天王山の戦い」と呼ばれるようになった（ただ実際には、天王山の戦いが戦局に与えた影響は少なく、そもそも天王山の戦いじたいがあったかどうかも定かでないため、この合戦は現在、「山崎の戦い」と呼ばれるようになっている）。

天王山はもともと山崎山と呼ばれていたが、中世の頃から、頂上近くに天神八王子神（牛頭天王）を祀る「山崎天王社」があったことから、天王山の名が定着する。

現在その場所には、「自玉手祭来酒解神社《たまでよりまつりきたるさかとけ》」（通称「酒解神社」京都府乙訓郡大山崎町）が鎮座している。創建の由緒は不詳だが、養老元年（七一七年）建立の棟札があることから奈良時代の創建とみられ、現在の離宮八幡宮の地に祀られていた。『延喜式神名帳』には「山城国乙訓郡　自玉手祭来酒解神社　元名山埼杜」と記載されているが、その後この神社の祭祀は途絶え、明治時代まで所在がわからなくなっていたという。

明治一〇年（一八七七）六月には、山崎天王社が式内・自玉手祭来酒解神社であるとされ、自玉手祭来酒解神社に改称。現在の祭神大山祇神《おおやまつみ》はそのときに定められたものである。

もともとの祭神は山崎神・酒解神（出自は不明だが橘氏の先祖神であるといわれる）だったが、合祀される素盞嗚尊は、旧天神八王子社の祭神だった牛頭天王を、神仏分離にともない改めたものである。

†「八王子」という地名

全国に分布する「八王子」という地名は、牛頭天王と八人の王子（八王子）を祀る信仰が広がるなかで、八王子神社や八王子権現社が建立され、地名となっていったものである。中世には、天王の八人の子を眷属神《けんぞくしん》（主神に従属する神々）とし、人間の吉凶を司る方位の神として信仰されていった。

東京都八王子市、八王子城にある八王子神社は、延喜一六年（九一六）に、深沢山を天王峰、周囲の八つの峰を八王峰とし、それぞれに祭祠を建てて、牛頭天王と八王子を祀る八王子信仰が始まったという。深沢山の麓に寺院が建立され、伽藍も整備されていき、天慶二年（九三九）には、寺号が「牛頭山神護寺《ごずさんじんごじ》」に改められた。

八王子神社を中心とした地域が、いつごろから「八王子」と呼ばれ始めたかは定かではないが、記録としては、永禄一二年（一五六九）五月八日付け北条氏康の書状が最初期のものだとされている。北条氏康は、相模国小田原城（神奈川県小田原市）に本拠を置いた北条氏三代目の当主で滝山城主北条氏照の父君で、この書状の中では「八王子方面」の意味で「八王子筋」という言葉を使っている。この書状から、一六世紀の半ばには、八王子神社とその神宮寺である神護寺から由井《ゆい》郷にいたる地域（現在の八王子市元八王子町）のあたりは「八王子」と呼ばれていたとみられる。その後、天正一〇年（一五八二）を過ぎたころから、氏照は深沢山に新しい城を築き始め、八王子権現をこの城の守護神とした。そしてこの城は「八王子城」と呼ばれるようになったという。

八王子城は、天正一八年（一五九〇）六月二三日、豊臣軍の攻勢のもと、一日で落城してしまう。落城後、徳川家康の代官大久保長安により、現在の八王子市街の地に横山十五宿（八王子宿）が建造され、宿場の発展につれて八王子の地域は「元八王子村」と呼ばれるようになった。また地元では、神護寺に由来する「じごじ」という通称地名も受け継がれている。

東京の「八王子」地名は、八王子信仰の広がりと八王子城の築城という歴史的背景をもとに成立し、定着した地名であり、全国に散在する八王子を冠する地名も、牛頭天王・八王子信仰と結びつくものなのである。

2 天王信仰根拠地の神社化

†京都祇園社の祭神変更

牛頭天王信仰は京都八坂の「祇園社」(「観慶寺感神院」「祇園感神院」)から全国に広がっていった。また牛頭天王が八坂の地に祀られるまでに、中国地方を経由したという説もあり、播磨国の「広峯社」も天王信仰の根拠地を名乗っている。中部日本では尾張国津島の「津島天王社(津島牛頭天王社)」が武将たちの尊崇を集め、近世には各地に分祀されていった。しかし、この三か所ともに神仏分離を経て、仏教色を排し、神社化されたのである。

京都の「八坂神社」(京都市東山区)は、神仏習合時代には牛頭天王を祀り「祇園社」と呼ばれていたが、近代以降、現在の名称で親しまれるようになり、純粋な神社であると思われている。中世末期から近世初期にかけての祇園社は、最後の執行である宝寿院尊福《そんぷく》の時代に幕末を迎え、神仏分離により、社僧は還俗を命じられた。祇園社に属する三院五坊も社僧は全員還俗し、これらの院坊舎はすべて破却され、尊福も還俗した。

明治四年（一八七一）には神仏分離令にもとづき、観慶寺《かんぎょうじ》の本地堂《ほんじ》である薬師堂の本尊薬師如来立像は、当時、毘沙門町《びしゃもん》（現在の下京区西洞院五条付近）にあった大蓮寺に遷座された。薬師如来立像は延久二年（一〇七〇）に祇園社が焼失した直後に造立されたものと推定され、作者を平安時代中期の仏師・覚助《かくじょ》と推定する説もある。本尊の両脇侍である日光・月光菩薩のほか、十二神将、夜叉神《やしゃしん》明王・毘沙門天も祇園社本地堂から遷座されたものだという。

「祇園祭」もまた牛頭天王を祀る祭りだったことはいうまでもない。祇園社が八坂神社になり、祭神が疫神《えきしん》（疫病の原因であり、疫病を抑えるともされる神）である牛頭天王から神話の神スサノオに変更されたことにより、祇園祭が疫病除けの祭りだったという記憶も薄らいでしまったのではないか。京都の祇園も、また神仏習合の典型的な場所だったことは、強調しても強調しすぎることはない。

†広峯社の盛衰

兵庫県姫路市の広峰山山頂にある「広峯神社」は、神仏分離令までは天王山増福寺、広嶺山増福寺などと称し、江戸時代は徳川将軍家の菩提寺である寛永寺の支配下にあった。

祭神は牛頭天王で、本殿内に薬師如来を本地仏として祀っていたとされる。

　明治四年（一八七一）の「社寺上地令《しゃじじょうちれい》」（太政官布告第四号）により社領七二石を召し上げられ、さらに同年の太政官布告第二三四号により神職の世襲が廃止され、新たに太政官布告で定められた「祠官《しかん》」「祠掌《ししょう》」という職名で官任されることとなった。

図25　広峯神社の御師屋敷

　広峯社で社務を掌《つかさど》り、御師の役割を担った社家は、古くは七五家あったと伝わるが、永禄年中の戦乱の影響で社勢が衰えた結果、江戸時代頃までに「広峯三十四坊」といわれる三四家が残り、その後、寛文年中には三三家、安永年中には二五家となった。社家のほかに、「手代」と呼ばれる社家に仕える神職の家も五〇家程度あったが、神仏分離以降、その多くは下山し、近在の神社の神職や教員などに転身していった。かつて山上に多く軒を連ねた御師屋敷はほとんどが廃屋となり、社殿の南、東、背後などに跡地の石垣、土塀などを残す。現在、ほぼ完全な形で残っているのは二軒だけとなっている。

本殿は文安元年（一四四四）再興の建物で、神殿には三つの扉があり、中央にある正殿には素戔嗚尊と五《い》十猛《そたける》尊、向かって右側の左殿には奇稲田《くしいなだ》媛《ひめ》命とその親神（足摩《あしな》乳《づち》命・手《て》摩《な》乳《づち》命）、左側の右殿には宗像《むなかた》三女神・天忍穂耳《あめのおしほみみ》命・天穂日《あめのほひ》命、八王子神など十柱の神々が祀られている。

†津島天王社神宮寺の廃絶

江戸時代までの津島天王社には垣内に本地堂が置かれ、境内、境外に数多くの神宮寺があった。神仏分離令により垣内にあった本地堂や鐘楼などは破却され、宝蔵院、実相院、明星院などの神宮寺はすべて廃された。天王社では牛頭天王を廃して、建速須《たけはやす》佐《さ》之《の》男《お》を主祭神とし、大穴《おおな》牟《む》遅《ち》（大国主）を相殿に祀るようになった。牛頭天王・蘇民将来・婆《は》梨《り》采《さい》姫・八王子などは仏教的「異神」として、スサノオ・オオナムチといった記紀神話の神々に変更し、仏教的な部分は天王山宝寿院として分離された。

神仏分離の際、宝寿院の住職だった宥三らの要請により、本地堂にあった本尊や経文などはいったん神宮寺のひとつである実相院に移された。しかし、実相院と明星院の社僧が還俗を決めたことから、本地堂から移された仏像・仏画に加え、実相院・明星院の仏像なども宝寿院に移されることとなった。宥三はその後、神社や本地堂の本寺であった名古屋の大須《おおす》観音宝生院に対して本地堂の再建運動をおこなったが、再建が叶うことはなかった。

いま八坂神社、津島神社、広峯神社を参拝する人は、近代以降に祭神として限定されることになったスサノオにたいして礼拝しているのだろうか。しかし、三つの神社が現代まで歴史と信仰を積み上げてきたのは、あくまでも牛頭天王を祀ってきたからであることを忘れるべきではない。

3　摂津と大和の天王信仰

†牛頭天王と熊野権現を合祀

中世から近世にかけて、山城国の祇園社や尾張国の津島天王社から、列島の各地に牛頭天王が勧請（分祀・分霊）されていった。そうしたなかから畿内、摂津国と大和国の事例をたどり、地域ごとの牛頭天王隠蔽の歴史をたどってみることにする。

大阪市平野《ひらの》区にある杭全《くまた》神社も、神仏分離まで「牛頭天王」として崇敬されてきたが、熊野権現も合わせ祀り、「熊野三社権現」あるいは「熊野権現社」と称していた。社伝では、貞観四年（八六二）、坂上田村麻呂の孫、当道《まさみち》の時代に八坂祇園の牛頭天王を祀ったのが始まりとされ、その後、熊野三社権現が勧進されて、さらに本地阿弥陀如来を安置する多宝塔などの伽藍が整備されるなど摂津平野郷の信仰の中心となった。社内には神宮寺一二坊があり社僧が奉仕、近隣の全興《ぜんこうじ》寺の本尊薬師如来が本地仏とされ、全興寺は奥の院といわれた。また付近の長宝寺は熊野権現と一対のものとして信仰された。

「摂津名所図会」には多宝塔、観音堂、大師堂、行者堂などが描かれ、慶応四年の「神社寺院書上帳」には観音堂、十王堂、鐘楼堂、行者堂などの名称があるが、明治二年二月に牛頭天王の社号を廃し、杭全神社となった。明治三年一二月の「神社取調ヶ条書上帳」では、杭全社は惣社（地域の神社を代表する社）号で、本社は熊野大神社、摂社は証誠殿《しょうじょうでん》、末社は若一王子社、八王子社、元観音堂、元多宝塔、元鐘楼堂、元行者堂とし、形式上、仏は廃されたが、堂宇はまだ取り払われていなかったとみられる。しかし、明治四年の書上帳には仏堂関係の名称が消えていることから、この間に取り壊されたと推測される。さらに、明治一〇年頃には神宮寺一二坊のうち、東坊、宝寿坊、池之坊、西光坊以外は廃され、東坊もその後、全興寺に移されて庫裏となった。こうして摂津の平野郷では「天王」と「権現」が一挙に隠蔽されたのである。

†密集していた「天王社」

大和盆地の地図を広げると、八坂神社、津島神社、杵築神社、須佐之男神社という社号の神社がいたるところに点在する。その密集度は集落ごとといってもよいほどで、たとえば磯城《しき》郡田原本町《たわらもと》などはそうした神社が数多くあり、それらのすべてが神仏分離以前には牛頭天王を祀っていたところだったのである。

田原本町阪手北《さかてきた》の「八坂神社」は、江戸時代までは牛頭天王社と呼ばれ、西之坊と称する神宮寺があり、釈迦堂、薬師堂を構えていた。神宮寺は、神仏分離令布告後の明治七年(一八七四)に廃寺となり、牛頭天王社は祭神を須佐男命に改め、同二二年に現在の八坂神社となった。神宮寺釈迦堂の本尊だった釈迦如来像は、現在、八坂神社北隣の阿弥陀寺に遷されている。この神社の境内で毎年二月におこなわれる「華鎮祭《かちんさい》」では、牛頭天王の護符、牛玉法印《ごおうほういん》(「牛王さん」)が地区の各戸に配られるなど、牛頭天王社だったなごりを伝える。

鍵《かぎ》にも「八坂神社」があり、神仏分離以前まで神宮寺があった。現在、境内の薬師堂に、平安時代後期の地蔵菩薩立像、江戸時代前期の薬師如来坐像、如来形坐像二体、天部《てんぶ》立像三体、十羅刹女《じゅうらせつにょ》立像七体、江戸時代後期の普賢菩薩坐像、仏涅槃図《ぶつねはんず》など多くの仏教美術を祀っている。

図26　八坂神社の拝殿と薬師堂（奈良県磯城郡田原本町鍵）

　旧・田原本村の「津島神社」は、神仏分離以前は祇園社といった。いまでも夏に祇園祭が催されることもあり「祇園さん」の愛称がある。現在の祭神は素戔嗚命、櫛名田《くしなだ》姫《ひめ》命、誉田《こんだ》別《わけ》命、天児屋《あまのこや》根《ね》命ほか。明治二年には、江戸時代に領主だった平野家発祥の地、尾張国津島天王社にちなみ、社名を津島神社と改めた。なお境内の片隅に、瘡神《そうしん》（疱瘡《ほうそう》、天然痘の神）を祀る祠があり、この神は「茅之姫命」であると説明している。

　為川南方《ためがわなんぽう》の「須佐之男神社」は享保七年（一七二二）の『為川村明細帳』に鎮守社とし

て、「大しゃうくん（大将軍）」、「牛頭天王」の二社が書かれている。明治三年『城下城上神社御神体取調目録』には健速須佐之男命社の神社名があり、その後、現在の社号に変更されたようである。また阪手南にも須佐之男神社があり、境内の観音堂には、かつての神宮寺で明治七年廃寺になった田原本寺の十一面観音菩薩立像（平安時代初期）が安置されている。

4　牛頭天王と天皇と疫病

†「天王」と「天皇」

牛頭天王が神仏習合令の矢面に立ち、尊格が隠蔽され、神仏習合の施設から、神社に変更された理由についてひとつの仮説が考えられる。それは「天王」と「天皇」が音を同じくするからというものである。維新政府は、天皇を中心とした国家形成をはかるにあたり、疫病除けの尊格として、民間に絶大な人気を誇った牛頭天王が目障り、耳障りだったのではないだろうか。

図27　天皇神社の神額（滋賀県大津市和邇中）

日本の各地には、神仏分離の処置で、牛頭天王社から天皇神社に改称された神社がいくつもある。滋賀県大津市和邇《わに》中《なか》の牛頭天王社は平安中期、京都から祇園牛頭天王を分祀したと伝えるが、神仏分離で天皇神社となった。奈良県天理市備前町の「天皇神社」は素盞鳴命を祭神に祀るが、文永九年（一二七二）の創建を伝える牛頭天王社だった。国の重要文化財に指定されている本殿には、現在も薬師如来・大梵天・牛頭天王・天満天神の木像を安置しているという。大阪府和泉市の「舊府《ふるふ》（旧府）神社」は、平成一七年（二〇〇五）の拝殿新築工事の際に発見された江戸時代の棟札に、墨書銘で「氏神牛頭天皇」とある。この「氏神」は尾井町（信田郷尾井村）の氏神を意味し、「牛頭天皇」は牛頭天王のことである。愛媛県西条市の素鵞神社は、かつては天皇宮と呼ばれ、現在参道には天皇庵がある。神社の祭神は牛頭天王で、天皇庵には本尊・薬師如来を祀っている。

神仏習合の牛頭天王（天皇）社が、スサノオその他を祀る神社に改められた例は全国に及ぶ。牛頭天王を信仰していた民衆にとって、「テンノウ」とはすなわち「牛頭天王（天皇）」のことであり、人神である天皇は縁の薄いものだったはずだ。牛頭天王は仏教にはない日本独自の尊格で、もちろん神話に出てこない尊格でもあることから、改称しても仏教からも神道からも抵抗が少ないとみられたということもあったかもしれない。しかし、「権現」とともに何百年にも及んだ習合信仰は、あの神仏分離令、判然令の布告のもとに、曖昧なものとして命運を断ち切られたのである。

†近代に起こった「天皇」祭神化

近世には史上初めて、天皇の存在が民衆にとって身近になる事態があった。

天明の大飢饉のさなか、天明七年六月七日（一七八七年七月二一日）頃から御所に人びとが集まり、築地塀を回って、門から賽銭を投げ込み始めた。あたかも御所を社寺であるかのようにみなし、ご利益を求めようとするこの行為は「御所千度参り」と呼ばれる。千度参りの参加者は数人から始まり、六月一〇日には三万人、六月一八日頃には七万人に達したという。京都にとどまらず、河内や近江、大坂などから参詣したものもいたという。

これにたいし後桜町《ごさくらまち》上皇は三万個のリンゴ（和りんご）、有栖川宮や一条家などは茶、九条家や鷹司家は握り飯を民衆に配り、光格天皇は京都所司代を通じて江戸幕府に民衆の救済を要求した。天皇の要求は禁中《きんちゅう》並《ならびに》公家《くげ》諸法度《しょはっと》に反する行為だったが、幕府は米一五〇〇俵を京都の民衆に放出した。御所千度参りは畿内で起こった出来事だが、天皇の権威を高め、民間信仰ともいうべきものを生み出し、尊王論を醸成するきっかけになったともいわれている。民衆にとってはなによりも牛頭天王以外の「てんのう」を、信仰の対象として強く意識した事態である。

　こうした下からの天皇信仰にたいし、近代以降は神仏分離政策に始まる神道国教化策の一環として、政府が積極的に天皇の神格化をはかっている。後醍醐天皇を祀る「吉野宮」（現在の「吉野神宮」）が明治二五年（一八九二）に創建された経緯は第四章でふれたが、神武天皇と皇后・媛蹈鞴《ひめたたら》五十《い》鈴媛《すずひめ》命を祀る「橿原神宮」（明治二三年創建。奈良県橿原市）、天智天皇を祀る「近江神宮」（昭和一五年創建。滋賀県大津市）、桓武天皇と孝明天皇を祀る「平安神宮」（明治二八年創建。京都市左京区）などが新たに造営されたのである。またとくに、明治四五年七月三〇日に明治天皇、大正三年（一九一四）四月一一日に昭憲皇太后が崩御すると、政府は近代日本の確立と発展に多大な貢献をした二人を称え、同時に祀るべく「社」を造る計画を企画、大正九年（一九二〇）年に創建されたのが「明治神宮」（東京都渋谷区）である。

近代以前には天皇を神社の祭神に祀ることはほとんどなかった。たとえば、壇ノ浦の戦いで祖母二位尼《にいのあま》に抱かれて入水し、数え年三歳で崩御した安徳天皇は、崩御後に赤間関の「阿弥陀寺」に葬られ、後鳥羽天皇の勅により御陵の上に御影堂を建立されたのである。この阿弥陀寺も維新の神仏分離で廃寺となり、「天皇社」とされた。これが現在の「赤間神宮」（山口県下関市）である。こうした経緯からも民衆の「天皇信仰」が、「牛頭天皇信仰」に比べるときわめて歴史が浅いことがわかるだろう。

†疫病除けの信仰

牛頭天王は、その彫刻・絵画の古例が多くはないことから、イメージすることが難しい。しかし、近年になって神殿の奥深くから天王像が姿を現したことがニュースになった。

令和元年（二〇一九）一一月に、愛知県設楽《したら》町長江の「長江神社」で牛頭天王像が発見された。長江神社は江戸時代まで牛頭天王社と呼ばれていたが、一八七三年（明治六）に神仏分離令を受けて、祭神を牛頭天王から素戔嗚尊に変更し、現在の名称に改称されている。牛頭天王像は、本殿の改修工事で出てきた木箱の中から見つかったもので、木造で高さ五〇センチ、赤色の肌をし、頭髪のあいだには牛の頭がある。また織田家の家紋が施されている。

神社の氏子総代長は、「近隣の町村では牛頭天王像を川に流したと聞いている。神仏分離令の際、人の目に触れぬようしまい、そのまま忘れ去られたのだろう」と語る。そして、令和二年八月におこなわれた本殿改修完了のお披露目の際、氏子たちは疫病退散の御利益があるとされる牛頭天王像に、新型コロナウイルス感染症の収束を願ったという。

牛頭天王がこれほどまで多く、各地に祀られている理由は、疫病除けの信仰対象だったからにほかならない。近世になり、共同体における人々の集住が密になると、感染症を恐れた民衆は、京都祇園や尾張の津島から牛頭天王を招いて、祀ることにしたのだろう。大和国の田原本でも、歴史記録に残されていないが、この疫神にすがらざるをえない状況があったのかもしれない。設楽町の長江神社で発見された牛頭天王像に、人々がコロナの収束を祈ったのは、中世・近世の民衆たちがおこなってきたことを、正しく継承する行為だったのである。

†順調にみえる毀釈

第二章から第五章まで、地域ごと、あるいは神仏習合の様態ごとに廃仏毀釈の状況を見てきた。新政府が発した布告にたいし、地域や寺院ごとの抵抗はみられたが、それが大きな運動になったようすはみられない。また神宮寺、権現、牛頭天王を信仰してきたものたちも、なかには廃仏に手を貸した人々がいたものの、堂塔や仏像・仏具の打ち壊しをなすすべもなく見逃してきたかのようである。しかし、一〇〇〇年に及ぶ神仏習合は、なぜかくまでも順調に成し遂げられたのか。あるいは、秘かな抵抗があったのではないか。最後の章では、廃仏毀釈の実態を改めて検証していくことにする。

終章

廃仏毀釈は果たされたのか?

1　それでも仏像は残った

†棄教した僧侶、仏像を守った民衆

日本仏教史の辻善之助は戦後まもなくの時点で、廃仏毀釈を導いた要因を復古的・革命的な気運と明治政府の方針とし、さらにその遠因として、国学の勃興、排仏論の影響、僧侶の堕落を挙げていた（『明治仏教史の問題』一九四九年）。また、神仏判然は仏教排撃を意味せず、本願寺、興正寺などへの通達には朝廷の本意は廃仏毀釈ではないと明示されており、行政官布告にも神仏混淆禁止は破仏を意味しないと弁明されているように、みだりに復飾を願い出ることが牽制されていたという指摘もある。本書の「はじめに」でも、廃仏毀釈にかんする書籍、テレビ番組などでは、「仏像・仏具を破壊した乱暴狼藉だった」というイメージに満ち、伝聞・伝承と思われるような出来事にたいしても真実であったかのようにとり上げていることに注意を促した。

また、一方的な被害者であるかのように描かれることもある仏教の側に非はなかったか

も問い直される必要がある。第二章でも紹介したとおり、神仏分離令の布告後、鎌倉の鶴岡八幡宮寺で僧侶たちがただちに還俗し、神主を名乗りはじめた事態にたいする宝戒寺の僧・澄海の、「昨日三鈷《さんこ》を握った手で、今日幣帛《へいはく》を執っているではないか」と嘆くような事態はなぜ起こったのか。抵抗が困難だったにせよ、棄教した僧侶たちのなかには、いともたやすく信仰心を手離したものたちがいたことも事実なのである。

†神仏習合をとどめた場所

廃仏毀釈が実際に激烈に行われた地域もあれば、それほどではなかった地域もあったことは、改めて強調しておきたい。幕末維新以前におこなわれた水戸、維新の直前から発生していた薩摩、その後の日吉・隠岐・苗木・松本・佐渡・土佐・富山・伊勢などでの運動は過激だったが、神仏分離は実行されたものの、廃仏毀釈に至らなかった地域も多い。

神仏分離令の目的のひとつだった神社と密接する神宮寺の多くは廃絶したが、「若狭神宮寺」（福井県小浜市）のように、神仏習合の様相を残している寺院もある。この寺の本堂は、内陣正面と左側は須弥壇《しゅみだん》になり、中央の壇には若狭彦本地薬師如来坐像、左の壇には若狭姫本地十一面観音坐像が安置され、向かって右の壇は壁面で、ここは勧請座《かんじょうざ》（影向《ようごう》座《ざ》）といわれ神号掛軸《しんごうかけじく》三幅（中央は若狭根本神である若狭比古・若狭比女、右は神体山である那伽王・志羅山、左は垂迹地である白石鵜之瀬・八幡）が掛けられている。現在でも神仏が共存した宗教空間が明らかな形で残されているのだ。このほかにも、東北地方などには、十一面観音や不動明王を祭神として祀ったままの神社もある。

神仏分離令の本質が神と仏を明確にする「判然令」であり、明確にしようがない「権現」と「牛頭天王」が、その矢面に立ったことはこれまでの章で指摘した。その結果、権現を祀る山岳信仰は大きな打撃をこうむり、牛頭天王もスサノオに改められた。権現を信仰してきたところのほとんどは神社になり、仏教色が排され、その際に仏像・仏具が破却された。そして修験道はその姿を一変させたのである。このため、いま見る社寺の景観が明治維新を境に、以前とは大きな変化があったものだと認識しておく必要がある。

そのいっぽうで、神仏分離を潜り抜け、廃仏毀釈を免れた仏像・仏画、堂塔も決して少なくはないのである。こうした「遺産」のいくつかを見ていくことにより、廃仏毀釈の実態の一側面を照らし出していきたい。

†海を渡った神宮寺本尊

皇祖神を祀る聖地として、仏教色が徹底的に排除された伊勢でも、かろうじて救い出された仏像がある。伊勢神宮の神宮寺として栄えた菩提山神宮寺の伽藍はいま、内宮の神域の北側、五十《い》鈴《すず》川近くの山中に「菩提山神宮寺跡」と記した石碑が建つばかりである。

しかし、この伊勢神宮の神宮寺は神仏分離によって廃絶したが、本尊だった仏像が、伊勢から海を渡った愛知県に現存している。

碧南市音羽町、海徳寺の本堂に安置されている丈六の阿弥陀如来坐像（重要文化財）がその像で、ここに伝わったのは次のような経緯によるという。三河国大浜（現在の愛知県碧南市大浜地区）から松阪方面に出向いた商人・角谷《すみや》大十《だいじゅう》が、神宮寺の仏像・仏具を入手し、三河へ運んだ。そして、大十の檀那寺である海徳寺や一行庵、海徳寺の檀徒の人々に分け与えたという。そしてこの阿

図28　海徳寺「阿弥陀如来坐像」（菩提山神宮寺旧本尊・平安時代）　提供：碧南市教育委員会

弥陀如来坐像は、明治二年（一八六九）に海徳寺の第二三代住職寂空が譲り受けたものだとされる。平安時代後期から末期、定朝様式の仏像だが、後世に補われた金箔におおわれ、制作時期を確定できずにいた。しかし、平成一四年（二〇〇二）の調査で銘文が見つかり、長承三年（一一三四）から保延二年（一一三六）に菩提山神宮寺の本尊としてつくられたことが判明している。

海徳寺の仁王門に安置されている阿吽《あうん》の金剛力士像も、菩提山神宮寺の仁王門に安置されていたもので、鎌倉時代の制作だと推定されている。海徳寺にはほかにも六〇体あまりの仏像が神宮寺から移されてきたという。また海徳寺の門前にある一行庵にも、伊勢から海を渡ってきた数体の仏像が安置されている。

なお広島県尾道市の生口島《いくちじま》にある耕三寺《こうさんじ》博物館所蔵の釈迦如来立像（平安時代・重要文化財）も伊勢の神宮寺伝来とされているが、伝来の経緯は明らかではない。

†伊勢妙見信仰の遺産

東京都と神奈川県の県境、多摩丘陵にある遊園地「よみうりランド」の一角に建つ建物に、伊勢から移された端正な木彫像が安置されている。

正安三年（一三〇一）に造立された「妙見菩薩立像《みようけん》」（重要文化財・読売新聞社所有）は、髪を二つに分けた角髪《みずら》に結い、左手は人差し指と中指を立てる剣印を結び、右手は腹部の前で宝剣をもつ。この像は、神仏分離まで外宮の神宮寺だった常明寺の妙見堂に祀られていた。伊勢に吹き荒れた廃仏毀釈で常明寺は廃寺となり、度会《わたらい》氏の一族である中西家を経て、読売新聞社の社主・正力松太郎《しょうりきまつたろう》の所有になったことから、現在はよみうりランドに祀られているのだ。

伊勢における妙見信仰は、鎌倉時代後期ごろからさかんになり、その隆盛には真言宗の僧侶・通海が深くかかわっていたようである。通海は内宮の祭神である天照大神と、妙見菩薩が同体だと主張し、常明寺に妙見堂を建立して妙見菩薩の像を造って安置したという。北極星を神格化した妙見菩薩と太陽神・天照大神を同体とする思想は、伊勢神道に受け入れられ、全国に広がっていった。

常明寺は、伊勢神宮外宮の禰宜《ねぎ》家である度会氏と関係が深く、毎年正月八日には常明寺境内の神落萱《かみおちがや》社に外宮の神官が出向いて祭りをおこない、寺僧も本堂で誦経したという。伊勢から仏の姿は消し去られたが、海を渡った愛知県や遠く東京郊外に、かつての神仏習合の一端を実感することができるのだ。

†男山八幡宮寺と内山永久寺の宝物離散

京都男山《おとこやま》の八幡宮寺、現在の石清水《いわしみず》八幡宮では、本殿の本尊だった八幡大菩薩は僧形八幡坐像（平安時代末期）として、観音堂の本尊だった千手観音立像（鎌倉時代）、極楽寺の阿弥陀三尊（南北朝時代）、愛染明王堂の本尊愛染明王（鎌倉時代）などとともに男山山麓の善法律寺《ぜんぽうりつじ》に移され現存している。善法律寺の本堂は、内陣が高御倉と呼ばれる五間四方の堂で、八幡宮旧社殿（桃山時代と推定）を移築したものである。

貞観四年（八六二）に護国寺と改号後も薬師堂の本尊だった薬師如来立像及び脇侍の日光月光菩薩立像、十二神将像も淡路島の東山寺に遷された。太子堂（三尊堂）にあった裸形の聖徳太子二歳像は滋賀県大津市の国分《こくぶ》聖徳太子堂、衿羯羅《こんがら》童子、制多迦《せいたか》童子は杉山谷不動尊（八幡市）、地蔵堂本尊で後に太子堂に安置されていた地蔵菩薩像は大阪府河内長野市の延命寺に、それぞれ移されている。開山堂にあった行教律師坐像（平安時代初期）は、明治六年（一八七三）に男山山内の神応寺へ遷座された。なおこの像は、箱根神社の万巻上人坐像などとともに、神仏を結びつけた「聖《ひじり》」像として重要なものである。

大和国内山《うちやま》の永久寺にあった宝物のうち、「両部大経感得図《りょうぶだいきょうかんとくず》」（国宝）は大阪市の藤田美術館所蔵となっている。運慶の孫の康円《こうえん》作で、四天王の眷属の彫像として珍しい「木造四天王眷属立像」（重要文化財）は、東京国立博物館、静嘉堂《せいかどう》文庫、MOA美術館の三か所に分かれて所蔵。同じく康円作の「木造不動明王及び八大童子像」（重要文化財）は、新潟県の石油王中野忠太郎の手を経て、現在は東京都世田谷区の世田谷山観音寺に安置されている。永久寺の宝物のなかには海外に流出したものもあった。ベルリン民俗学博物館が購入した伝・真然《しんぜん》筆の「真言八祖像」などは第二次世界大戦末期の市街戦で焼失したという。

†鶴岡八幡宮寺から流失した優品

仏教色を捨て去り、八幡宮寺から八幡宮になった鎌倉鶴岡八幡宮でも、経典・仏像等のなかに現存しているものがある。輪蔵（経蔵）にあった「一切経」（重要文化財）は、明治四年（一八七二）九月に、貞運《ていうん》という尼僧が鎌倉から貰い受け、浅草寺へ奉納された。各巻に「鶴岳八幡宮」の朱印があるもので、残りの経巻は「塔の辻」で焼却されたという。

一八〇箱に収められた経巻は、鎌倉から品川までは海路で、品川からは大八車を使って浅草寺に搬入。東叡山寛永寺法親王に仕える新門辰五郎《しんもんたつごろう》が搬入に力を貸したといわれる。浅草寺の経蔵は昭和二〇年の空襲で焼失、一切経は疎開して難を逃れ、宝蔵門楼上に安置されている。輪蔵安置の四天王像は一切経とともに浅草寺に移転したが空襲で焼失した。薬師堂（神宮寺本地堂）安置の薬師三尊像及び十二神将像は、八幡宮境外の松源寺に遷され、その後寿福寺に運び出された。さらに寿福寺末寺の普門寺住職の懇願で、明治一九年以前に譲渡され、現在は普門寺の塔頭、新開院境外の薬師堂に安置されている。愛染堂の愛染明王坐像は上記の薬師三尊と同様の経路で普門寺に移り、その後小泉策太郎の所有になり、現在は五島美術館の所蔵となっている。鎌倉彫刻の優品として、美術史上の評価が高い仏像である東京国立博物館所蔵の伝・源頼朝像（重要文化財）も肖像彫刻の名作として広く知られるが、この像は神仏分離まで八幡宮上宮西方にあった白旗明神《しらはたみようじん》社の御神体だったといわれる。白旗社は昭和五年（一九三〇）に復興したが、像のほうは神仏分離後に各地を転々とし、その後は実業家で美術収集家の原富太郎（三渓）が所有していた。

霊峰からの下山仏

山岳信仰を育んだ霊山の多くでは、「権現」廃絶が布告されたことから、一部の山を除き、仏教色が排された。しかし、山頂・山中に祀られていた仏像（本地仏）を遷座することで守り通したという例もみられる。こうした仏像のことを「下山仏《げざんぶつ》」と呼んでいる。

白山の山頂や登山道の各地に置かれていた仏像も、神仏分離の際に引き下ろされ、廃棄される運命にあった。寛文八年（一六六八）以降、越前馬場平泉寺の支配下におかれてきた白山山頂が、明治五年（一八七二）に、石川県能美《のみ》郡（現在の白山市）に帰属させられたことにより、明治七年になって、石川県令内田政風《まさかぜ》は、白山山頂の神仏分離を強行し、山頂一帯の堂舎に安置されていた仏像・仏具を廃棄した。仏像の破壊を恐れた白山山麓にある一八か村の総代の出願により、山頂から下山させられた仏像は牛首《うしくび》（現在の白山市白峰）の林西寺《りんさいじ》と尾添《おぞう》村（同尾添）に預けられることとなり、そのうち八体は現在林西寺境内の「白山本地堂」に安置されている。

山上三社や室堂などに奉納されていた林西寺の「白山下山仏」は、銅造十一面観音坐像（大御前本地仏、文政七年（一八二四）在銘）・銅造阿弥陀如来坐像（奥之院本地仏）・銅造聖観音菩薩坐像（別山本地仏）・銅造地蔵菩薩坐像（六道辻地蔵堂安置）・木造泰澄坐像（室堂安置）・木造薬師如来坐像（市之瀬薬師堂安置）・木造如来形坐像・銅造雨宝童子立像である。

また映画『男はつらいよ』で知られる「柴又帝釈天《しばまたたいしやくてん》」（東京都葛飾区）といえばの境内の一隅にも、富士山にあった仏像が移されている。正式名称を「経栄山題経寺《きようえいざんだいきようじ》」というこの寺院の境内に瓦葺《かわらぶき》で吹き抜けの堂があり、二体の金銅仏が納められている。そのうち

図29　題経寺境内にある「富士山下山仏」

銅造観音菩薩坐像は、銘文によると、作者は河内国の大工・傘林住左衛門尉で、尾張国海西郡津嶋（現在の愛知県津島市）在住の人物を願主とし、富士山本宮浅間大社の大宮司だった富士親時がかかわり造立されたものである。

江戸時代後期の『甲斐国志』に、明応二年（一四九三）に富士山頂の東賽ノ河原に奉納された「十一面観音ノ鉄像」の記述があり、本像の銘文と一致することから同一の像の可能性がある。また『富士山明細図』（江戸時代後期）にも、この観音菩薩坐像と思われる仏像が描かれている。像の背面には、富士山麓の砂地を引き下ろした際についたと思われる擦り傷が確認され、下山の様子がしのばれる。

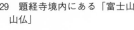

†“再発見”される神仏習合

神仏分離で眠っていたはずの信仰対象が、一五〇年の時を隔てて、再発見されたり、注目を浴びたりすることもある。

京都市下京区柳馬場通高辻下ルの吉文字《きちもんじ》町で、一五〇年前に八坂神社が神仏分離で氏子の同町に託したと伝わる牛頭天王の木像を、町内会の古参の夫婦が自宅で預かることになったというニュースがあった（二〇一八年六月三〇日）。「牛頭天王、わが家で預かります　祇園祭、持ち回り困難で危機」と題する記事によると、昨年まで町内会長が持ち回りで預かり祇園祭で祀ってきたが、住民の高齢化や入れ替わりにより神社へ返そうという動きが出てきたなか、夫婦が「町内の伝統を守りたい」と、明治一五〇年の節目に決めたという。

この牛頭天王像は木造で像高約二六センチ、江戸時代中期に祇園社へ奉納されたものだが、神仏分離令で祇園社から改称した八坂神社が、仏教に関連するのでふさわしくないという理由から、吉文字町に託したものだという。八坂神社は約四〇年前、長年の保管にたいし同町に感謝状を出している。

同町では毎年、祇園祭期間中の七月上旬に牛頭天王を祀る「地《じ》ノ口《くち》祭」を営んで祇園信仰を続けてきたが、近年は町内持ち回りの負担から、町内会の会合で八坂神社に返還するという意見が出た。しかし、前述の夫婦の地元で育った妻のほうが、町の伝統行事が消えてしまうことを憂い、自宅で預かることにしたという。八坂神社や祇園祭が牛頭天王信仰にもとづくものであることは、京都の町なかでは継承されていたのだ。

想像に過ぎないことだが、牛頭天王は町内で伝承されているばかりでなく、各地の八坂神社や素戔嗚《すさのお》神社の本殿に、いまでも安置されているのではないのだろうか。愛知県設楽町の長江神社では、本殿の改修という偶然の機会に発見されたが、疫病除けの信心で流行した牛頭天王が、社号の変更にともない、破却されてしまったということに疑問を感じざるを得ないのである。

また第四章で紹介した、長野県長野市の戸隠神社で七年に一度おこなわれる式年大祭中に、神仏分離で山を離れた本地仏を神社の社殿で公開する「帰山仏《きざんぶつ》」も、神仏習合時の様相を思い返そうとする催しであり、毀釈されずに信仰され続けてきた仏像があることを証明するものである。

石川県能登半島の修験の霊場石動山《いするぎさん》では、神仏分離令による廃仏毀釈で「石動権現」は廃され、多数の堂塔・坊院を構えた天平寺も廃寺に追い込まれて伊須流岐比古《いするぎひこ》神社に改組された。しかし、平成三〇年（二〇一八）一〇月には、本殿内に安置されている五所権現（虚空蔵《こくぞう》菩薩、十一面観音、勝軍地蔵《しょうぐんじぞう》菩薩、蔵王権現、倶利伽羅《くりから》不動明王）が公開されて、「権現」が偶像崇拝によって保たれてきたことが周知されたのだった。

また、平成二九年頃から、大阪市教育委員会と大阪密教美術保存会の主催でおこなわれている「大阪の歴史再発見——非公開文化財特別公開」においては、大阪市中の知られざる仏教美術を公開することで、かつての大坂の社寺では神仏習合が濃厚で、またそれを証明する文化財が、現在も信仰されていることを教えてくれるのだ。

2　民衆は廃仏にどこまで積極的だったのか

回復できなかった〝ねじれ〟

寺請制度の担い手として体制側につき、監視する立場にあった仏教にたいして、一部の民衆が反発を抱いていたことは想像に難くない。またその一方で、仏教の偶像崇拝は、それなりにかなり深くまで定着していたのではないだろうか。民衆は信仰心もあっただろうが、おそらくは、仏像を壊すのは「もったいない」という素朴な感情も相まって、破却から救い、安住の地を探ったのだろう。維新の時点で仏教を制したかのようにみえた神道の側も、明治三九年（一九〇六）の終りごろから始まった、一町村一神社を標準とせよという神社合祀の嵐に見舞われることとなる。このときに最も激しく立ち向かったのが、粘菌研究者で民俗学者だった南方熊楠だったことはよく知られている。

いずれにしても、現在でも、神社の社頭に掲げられる由緒書などに、神仏習合と神仏分離、そして廃仏毀釈について明記しているところは多くない。神社への参拝者たちの多くが、神代に遡る起源や、仏教色の影ひとつ表されていない歴史を信じ込んでしまうのはしかたのないことだろう。

しかし、習合が分離してしまった歴史的・宗教的な〝ねじれ〟をもとに戻す機会が全くなかったわけではない。太平洋戦争の敗戦により、明治国家体制が終焉を迎えたとき、維新により生まれた〝ねじれ〟を回復することができなかったものだろうか。

†神仏分離・廃仏毀釈の文化的景観

幸か不幸か、廃仏毀釈の嵐を潜り抜けて、ほかの寺院に遷座されたり、博物館に収蔵されたりしている仏教美術は決して少なくない。破壊行為で失われたものをよみがえらせることはできないが、こうした流転をたどってみることには、近代史を見直す意味があるだろう。また神社に隣接していた神宮寺の痕跡を探ってみることもできる。あるいは、廃仏毀釈を免れた堂塔と、その現在の状況を、神仏分離・廃仏毀釈の「文化的景観」として観るのはどうだろうか。

　神仏分離により出羽《でわ》三山《さんざん》は出羽《いでは》神社となり、山内の寺院や僧坊は廃されたが、羽黒山の端正な五重塔は取り壊されずに残された。現在も三山巡拝、観光のシンボルともなっているこの塔には、第四章で述べたように、近世まで聖観音、軍荼利《ぐんだり》明王、妙見菩薩が安置されていた。現在は大国主命を祭神として祀っているが、その歴史を知ったうえで仰ぐとき、見え方が違ってくるのではないだろうか。

　徳島県阿波市「切幡寺《きりはたじ》」の大塔も、摂津国の住吉神宮寺の西塔を移築したものだった。この塔は、初重《しょじゅう》（塔の最下部層）と二重のあいだが方形という日本唯一の構造様式で、海を渡り移築された経緯を思い浮かべながら参拝したい。

　兵庫県丹波市の「柏原《かいばら》八幡宮」は、神仏分離令により、神宮寺である乗宝寺に仏像・経典等を移し、文化財が破却されることなく神仏が分離された。その際に境内の三重塔（文化一〇年・一八一三年再建）は、安置されていた大日如来が取り除かれたものの、神社の「八幡文庫」として、取り壊しを免れた。長野県佐久市の「新海三社《しんかいさんしゃ》神社」にも、永正一二年（一五一五）に建立された柿葺《こけらぶき》の三重塔が残る。この塔は別当寺である新海山上宮本

図30　柏原八幡宮の拝殿・本殿と三重塔（兵庫県丹波市）

願院神宮密寺の三重塔で、神仏分離の際に破壊される予定だったが、神社が「これは塔ではなく宝庫である」と申し出たところ、それが認められ、今も聳えているのである。

　愛知県知立《ちりゅう》市の「知立神社」は延喜式神名帳にも記された三河国二宮で、嘉祥三年（八五〇）に僧円仁が神宮寺を創立、境内に二層の塔を建てたという。現存する多宝塔は、社蔵文書に永正六年再建とあり、神宮寺の遺構と考えられる。多宝塔は戦乱による焼失を免れたが、神仏分離令により、取り壊しの危機に直面した。しかし、当時の神官、氏子等が多宝塔を維持するため、上部の相輪を取り外し、屋根を入《いり》母屋《もや》造の瓦葺に改造するなどして仏塔色をなくした。その上で、刈谷藩主土井利教《としのり》が「知立文庫」とする扁額をしたためるように依頼し、掲げることで破壊から守ったのだった。多宝塔内部に安置されていた愛染明王坐像は、神宮寺だった総持寺に移された。しかし、住職が知立神社の神官となったため、神仏分離で廃寺となり、愛染明王は近くの了運寺《りょううんじ》へと再び移された。その後、地元民の尽力で昭和二年（一九二七）に総持寺は再建され、愛染明王も迎えられて、現在は境内の愛染堂に安置されている。

こうした少なくない事例をもとに、廃仏毀釈の実態を冷静に検証するとともに、幸いにして難を免れた仏像や堂塔を見つめることで、近世から近代への過渡期に起こった、謎に包まれた部分も多い出来事を改めて見直すべきではないだろうか。

図31　「知立文庫」として改築されていた頃の知立神社多宝塔　提供：知立市歴史民俗資料館（原本：知立神社所蔵）

†廃仏伝承を超えて

民俗学においては、民衆のあいだに伝えられてきた伝承や物語化された歴史から、民衆の感情を読み解こうとする。しかし、こと神仏分離、廃仏毀釈については、その暴挙という側面はおもに仏教側による脚色がみられ、また郷土史家や文学者らによる、ドラマティックかつ不確かな描写や叙述によって語られすぎてきたようだ。

一五〇年前に、山の中の宗教施設や、地域の小堂で起こった出来事を、現在から検証することは困難を極める。しかし、廃仏行為の多くは神道国教化の担い手だった国学の影響が濃い官僚たちに先導されたものであり、民衆の一部は統治機関でもあった仏教への反発や、神社への崇敬の念などから協力した場合が多かったようである。また、寺僧の抵抗の弱さに比べて、民衆の側には信仰面の理由や、あるいは文化財としての価値を察知したものもあり、偶像を保存しようとしたものが少なくなかったとみられる。このうち文化財的価値については、経済的価値と結びつくものだという知識を持った層もいたのだろう。

それでは、神仏分離を経ることによって、民衆の信仰そのものが変質してしまったのだろうか。地域の仏堂や神の祠のなかには、仏僧や神主がいなくても、共同体単位で維持されてきたところも多く、廃寺は実行されたが、民間信仰は守られたかのようにみえる。しかし、秩序を乱す「淫祠《いんし》」とみなされた異端や末端、神とも仏とも判然としないものは排除の対象になり、小祠の統合・廃絶も起こった。

また仏教と仏寺への影響は甚大だったが、神仏分離から時間を置いて、徐々にではあるが復活していった。いっぽうで、神社についても、明治時代の末期から起こった合祀、整理政策により、多数の神社が合併や遷座を余儀なくされることになる。神仏分離と神社合祀は、近代日本の国家体制が強制したものであり、太平洋戦争以前には反省や検証することは難しかったにせよ、戦後の社会ではもう少し早くに顧みられるべきだったのではないだろうか。

†民衆は「暴挙」に手を貸したのか？

民衆は廃仏毀釈を扇動した神祇官や神官や国学者たちに先導されただけなのか、あるいは自ら積極的に破壊行為に及んだのだろうか。これまで見てきたように、神仏分離、廃仏毀釈当時の状況については、地域の伝聞を時間が経ってから研究者らがまとめたものが多いこともあり、民衆の実際の心情については検討されることが少なかった。そうしたなかで、第一章で取り上げた苗木藩に、主観的にではあるものの、当時の状況を民衆の立場から叙述した記録が残されている（以下は、東白川村教育委員会編『東白川村の廃仏毀釈』による）。

四冊の貴重な記録を残した村雲蔵多は、嘉永二年（一八四九）正月一八日、神土《かんど》神付《じんづき》（現在の岐阜県加茂郡東白川村）に生まれ、苦労をして文字を学んだ、敬神の志篤い神道家だったとされる。蔵多は明治三年（一八七〇）四月、平田派国学に入門すると、「神国之掟を守り一天万乗之君奉守護神祇之道を厚く守」る心情がさらに強まり、仏葬から神葬への改宗についても、比較的早く決意を固めた。家族の同意が得られないためその時期が遅れたものの、地域の神葬改宗を率先した一人だった。蔵多の『明治三庚午年見聞録』（以下はその要約）には、「当領内でも、三月、四月ごろから、書物をよく読む人が一村に二人三人と神葬祭を願い出て、すぐ聞き届けられ、太政官へ奏上されている」、「寺との縁を切れば、一切坊主を頼まなくてもよく、はなはだよろしいこと」という記述がある。

明治三年八月一五日に、藩から「村々の内、辻堂を毀《こぼ》ち、仏名経典等彫付候石碑類は掘り埋め申すべく候」、同年八月二七日には「堂塔並びに石仏木像等取り払い、焼き捨てあるいは掘り埋め申すべき事」が命じられ、阿弥陀堂、観音堂、地蔵堂、薬師堂などの多くは壊され、仏像・仏具は焼かれ、土中に埋められ、他領へ売り払われたのは第一章でふれたとおりである。「南無阿弥陀仏」の名号塔が四つに割られたのもこのときである。

「当村は昔から、少なくとも一組に一か所は観音、地蔵、弘法などを迎え、堂を造り、納めてきたが、今、君から早々取り払えと申されたので、二七日ごろ（明治三年八月）から、みんなで取り除きにかかった。神付でも茶菴堂《ちややんどう》に納めてあった地蔵はじめ、三十三番の観音、薬師、弘法大師の像などを取り除いた。しかし、だれもそれを預かるという人がないので三体ずつ分けあって組中みんなで預かることにした」。こうした状況に平田派国学に心酔していた蔵多は、「実に仏というものは、釈迦をはじめその弟子たちの作り出したことで、地蔵も観音もありし人ではない。すべて彼等が悟ったものだから、日本には不要の品で、なくても事欠かず、あっても益のないものだから、このように廃されるわけである」と、神道の優位と仏教制圧を誇らしく語る。「また、二八日には、茶菴堂の西の方に建ててあった六地蔵、十三仏、南無阿弥陀仏などの石仏を残らず倒し、薦《こも》に包んで置いた」という。

　しかし、破壊され、散逸したはずの仏像・仏具で領外に移され、現在も残されている例がいくつもあるのだ。茶菴堂にあったと思われる西国三十三所観世音菩薩像は、東白川村の南西、美濃加茂市や犬山市に接する加茂郡坂祝《さかほぎ》町の安楽寺に、三三体が完全な形で移され、また越原《おっぱら》村岩倉（現在の東白川村越原曲坂《まがりざか》）の岩倉千躰堂《いわくらせんたいどう》にあった千躰地蔵尊像は、村人が川に流そうしたところに通りかかった恵那郡加子母《かしも》村のものが、一〇〇〇体のうち五〇〇体を自宅に持ち帰って保管したといい、現在は加子母村の法禅寺に安置されているのである。つまり、村雲蔵多の意に反し、仏像を守り伝えようとした人々が少なくなかったのである。廃仏毀釈の激烈だったとされる苗木藩でも、このような事態であったことをみると、敬神の念から廃仏を率先した民衆がいるいっぽうで、偶像に手を掛けるどころか、信仰の対象として守り続けてきた人々もいたことになる。

神仏分離と廃仏毀釈によって、民衆の精神世界は根底的な打撃を受けたのだろうか。年中行事や祭りの場でも神道化が進み、民間儀礼においても仏教色が除かれたケースは少なくない。しかし、民衆は仏像・仏具を守り伝えるとともに、神仏の共存を認めながら、曖昧で境界上の存在への信仰を持続してもいるのだ。廃仏毀釈をめぐる伝承にたいする民俗的な物語化も、したたかな抵抗だったと考えるのはあまりにもうがちすぎだろうか。

あとがき

長らくのあいだ懸案だった書である。

神仏習合と神仏分離を意識したのは、週末になるたび、畿内の寺院をめぐっていた中学生の頃だから、四〇年以上前のことになる。寺院と神社が不可分なものだったこと、明治維新に廃絶された数多くの寺院があったことを、徐々にではあるが認識するようになったのだ。そして、神宮寺や神像の歴史を学んでいくうちに、神仏分離と廃仏毀釈の前・後にたいする関心が強まっていったのである。

平成二一年（二〇〇九）に刊行した、私にとって最初の本である『日本の神様』は、「神様」といいながら、神仏習合と神像彫刻を扱ったものだった。翌年の『神社に泊まる――日本全国癒しの宿坊ご案内』も、「神社」とうたいながら取り上げた宿泊施設（宿坊・参籠所）の多くが、山岳信仰、権現信仰にまつわるところだった。

「神仏分離と廃仏毀釈」の問題については、大学生のとき、まさにそのとおりが副題になっている安丸良夫の『神々の明治維新』を読んで、衝撃を受けることになる。その後も、関連書を読んだり、折をみて廃仏毀釈にかかわる跡地を訪ね歩いたりしたが、本書を出したことで懸案が果たしつくされたとはとても思えない。それほどにこの問題は、大きく複雑で、まだまだ謎に満ちているからだ。

そうした意味でも、問題追究の途中経過ともいうべき企画をとおしてくださった筑摩書房の河内卓さんに心から感謝いたします。また、写真掲載に応じていただいた寺院の住職、神社の宮司の方々にも、この場を借りてお礼を申し上げます。ありがとうございました。

二〇二一年五月

畑中章宏

参考・引用文献一覧

磯貝誠「廃仏毀釈と興福寺」／大橋一章・片岡直樹編著『興福寺――美術史研究のあゆみ』）里文出版、二〇一一年

伊藤聡『神道とは何か――神と仏の日本史』中公新書、二〇一二年

岩田真美・桐原健真編『カミとホトケの幕末維新』法藏館〔龍谷叢書〕、二〇一八年

岩鼻通明『出羽三山――山岳信仰の歴史を歩く』岩波新書、二〇一七年

鵜飼秀徳『仏教抹殺――なぜ明治維新は寺院を破壊したのか』文春新書、二〇一八年

愛媛県生涯学習センター編『四国遍路のあゆみ』愛媛県生涯学習センター〔ふるさと愛媛学調査報告書〕、二〇〇一年

大西俊輝『山陰沖の幕末維新動乱』近代文芸社、一九九六年

岡田精司『新編　神社の古代史』学生社、二〇一一年

小川直之『歴史民俗論ノート――地蔵・斬首・日記』岩田書院、一九九六年

川村湊『牛頭天王と蘇民将来伝説――消された異神たち』作品社、二〇〇七年

小倉慈司・山口輝臣『天皇の歴史9　天皇と宗教』講談社、二〇一一年

小倉つき子「廃寺のみ仏たちは、今　奈良県東部編」京阪奈新書、二〇二〇年

加瀬直弥『古代の神社と神職――神をまつる人びと』吉川弘文館〈歴史文化ライブラリー〉、二〇一八年
貴志正造訳『神道集』平凡社〈東洋文庫〉一九六七年
北康利『匠の国 日本――職人は国の宝、国の礎』PHP新書、二〇〇八年
圭室諦成『廃仏毀釈とその前史――檀家制度・民間信仰・排仏論』書肆心水、二〇一八年
圭室文雄『神仏分離』教育社歴史新書、一九七七年
圭室文雄『葬式と檀家』吉川弘文館〈歴史文化ライブラリー〉一九九九年
京都文化博物館編『北野天満宮 信仰と名宝――天神さんの源流』思文閣出版、二〇一九年
近藤喜博『四国遍路』桜楓社、一九七一年
佐伯恵達『廃仏毀釈百年――虐げられつづけた仏たち』鉱脈社〈みやざき文庫〉、一九八八年
島薗進『国家神道と日本人』岩波新書、二〇一〇年
白洲正子『十一面観音巡礼』新潮社、一九七五年
新谷尚紀『神道入門――民俗伝承学から日本文化を読む』ちくま新書、二〇一八年
神仏分離150年シンポジウム実行委員会『神仏分離を問い直す』法藏館、二〇二〇年
末木文美士『中世の神と仏』山川出版社〈日本史ブックレット〉、二〇〇三年
末木文美士『日本宗教史』岩波新書、二〇〇六年
鈴木耕太郎『牛頭天王信仰の中世』法藏館、二〇一九年
鈴木正崇『山岳信仰――日本文化の根底を探る』中公新書、二〇一五年
諏訪市史編纂委員会編『諏訪市史』(上・中・下巻)諏訪市役所、一九七六―九五年
高取正男『民俗のこころ』朝日新聞社、一九七二年

高取正男『神道の成立』平凡社選書、一九七九年
高取正男『民間信仰史の研究』法蔵館、一九八二年
『高取正男著作集2　民俗の日本史』法蔵館、一九八三年
高埜利彦『江戸時代の神社』山川出版社〔日本史ブックレット〕、二〇一九年
田邊三郎助責任編集『図説　日本の仏教六　神仏習合と修験』新潮社、一九八九年
辻善之助、村上専精、鷲尾順敬編『新編　明治維新神仏分離史料』名著出版、二〇〇一年
逵日出典『神仏習合』臨川書店〔臨川選書〕、一九八六年
逵日出典『八幡神と神仏習合』講談社現代新書、二〇〇七年
中野明『流出した日本美術の至宝――なぜ国宝級の作品が海を渡ったのか』筑摩選書、二〇一八年
名越護『鹿児島藩の廃仏毀釈』南方新社、二〇一一年
奈良国立博物館編『神仏習合――かみとほとけが織りなす信仰と美』奈良国立博物館、二〇〇七年
貫達人『鶴岡八幡宮寺――鎌倉の廃寺』有隣堂〔有隣新書〕、一九九七年
野津龍『隠岐島の伝説』日本写真出版、一九七七年
羽根田文明『維新前後　仏教遭難史論』国光社出版部、一九二五年
東白川村教育委員会編『東白川村の廃仏毀釈』東白川村教育委員会〔ふるさとシリーズ〕、一九九〇年
藤田覚『幕末の天皇』講談社選書メチエ、一九九四年
古川順弘『神と仏の明治維新』洋泉社〔歴史新書〕、二〇一八年
正木直彦『十三松堂日記』（全四巻）中央公論美術出版、一九六五年
三浦正幸『神社の本殿――建築にみる神の空間』吉川弘文館〔歴史文化ライブラリー〕、二〇一三年

宮家準『修験道――山伏の歴史と思想』教育社歴史新書、一九七八年
宮家準『羽黒修験』岩田書院、二〇〇〇年
宮家準『霊山と日本人』NHKブックス、二〇〇四年
宮家準編『大山・石鎚と西国修験道』名著出版〔山岳宗教史研究叢書〕、一九七九年
村山修一『神仏習合思潮』平楽寺書店〔サーラ叢書〕、一九五七年
村山修一『本地垂迹』吉川弘文館〔日本歴史叢書〕、一九七四年
村山修一『神仏習合の聖地』法藏館、二〇〇六年
森正人『四国遍路――八八ヶ所巡礼の歴史と文化』中公新書、二〇一四年
安丸良夫『神々の明治維新――神仏分離と廃仏毀釈』岩波新書、一九七九年
安丸良夫『近代天皇像の形成』岩波書店、一九九二年
安丸良夫・深谷克己編『日本近代思想大系21　民衆運動』岩波書店、一九八九年
山本ひろ子『変成譜――中世神仏習合の世界』春秋社、一九九三年
義江彰夫『神仏習合』岩波新書、一九九六年
樋田誠『中世の寺社焼き討ちと神仏冒瀆』戎光祥出版〔戎光祥研究叢書〕二〇二一年
和田萃、幡鎌一弘、谷山正道、山上豊、安田次郎『県史29　奈良県の歴史』山川出版社、二〇一〇年
和辻哲郎『初版　古寺巡礼』ちくま学芸文庫、二〇一二年
『神仏習合の本――本地垂迹の謎と中世の秘教世界』学習研究社〔NEW SIGHT MOOK Books Esoterica〕、二〇〇八年
『日本の石仏』一四〇号（特集・石仏の受難）、日本石仏協会、二〇一二年

ちくま新書
1581

廃仏毀釈《はいぶつきしやく》
——寺院《じいん》・仏像《ぶつぞう》破壊《はかい》の真実《しんじつ》

二〇二一年六月一〇日　第一刷発行
二〇二三年九月二〇日　第三刷発行

著者　畑中章宏（はたなか・あきひろ）
発行者　喜入冬子
発行所　株式会社　筑摩書房
東京都台東区蔵前二-五-三　郵便番号一一一-八七五五
電話番号〇三-五六八七-二六〇一（代表）
装幀者　間村俊一
印刷・製本　三松堂印刷株式会社

ISBN978-4-480-07407-2 C0221

ちくま新書

1237
天災と日本人 ——地震・洪水・噴火の民俗学
畑中章宏

地震、津波、洪水、噴火……日本人は、天災を生き抜く知恵を、風習や伝承、記念碑等で受け継いできた。各地の災害の記憶をたずね、日本人と天災の関係を探る。

085
日本人はなぜ無宗教なのか
阿満利麿

日本人には神仏とともに生きた長い伝統がある。それなのになぜ現代人は無宗教を標榜し、特定宗派を怖れるのだろうか？　あらためて宗教の意味を問いなおす。

1201
入門　近代仏教思想
碧海寿広

近代日本の思想は、西洋哲学と仏教の出会いの中に生まれた。井上円了、清沢満之、近角常観、暁烏敏、倉田百三らの思考を掘り起こし、その深く広い影響を解明する。

1330
神道入門 ——民俗伝承学から日本文化を読む
新谷尚紀

神道とは何か。古代の神祇祭祀に仏教・陰陽道・道教など多様な霊験信仰を混淆しつつ、国家神道を経て今日の形に至るまで。その中核をなす伝承文化と変遷を解く。

1450
日本の民俗宗教
松尾恒一

大嘗祭、ねぶた、祇園祭り……。「日本の伝統」はいかに作られたのか。古代から現代まで、外来文化との混淆や対立により形成された日本の民俗信仰の変遷を追う。

936
神も仏も大好きな日本人
島田裕巳

日本人はなぜ、無宗教と思いこんでいるのか？　神道と仏教がどのように融合し、分離されたか、その歴史をたどることで、日本人の隠された宗教観をあぶり出す。

1527
新宗教を問う ——近代日本人と救いの信仰
島薗進

創価学会、霊友会、大本、立正佼成会——。なぜ日本では新宗教がかくも大きな存在になったのか。現代の救済のかたちを問う、第一人者による精神文化研究の集大成。